KB096933

이루는 목표의 비밀

SMART-PI

이루는 목표의 비밀
SMART-PI

임하율 · 박지우 · 윤지혜 · 황윤정 | 지음

당신의 목표를 현실로 만드는 방법

인굿북스

당신의 목표는 무엇입니까?

살아가면서 누구나 한번은 '당신의 목표는 무엇입니까?'라는 질문을 받게 된다. 그러나 목표를 꼭 가져야만 하는 것은 아니다. 목표가 없어도 행복하게 살아갈 수 있다. 그러나 현재 위치에서 더 나아가고 싶다면, 목표가 그 방향을 안내하는 데 도움이 될 수 있다.

이 책의 저자들은 다양한 사람을 대상으로 목표 설정 코칭을 제공해 왔다. 사업가, 취업준비생, 학생 등 다양한 배경과 상황에 있는 사람들이 목표를 설정하고 그것을 실현하기 위해 노력하는 모습을 지켜봐 왔다.

그 과정에서 목표를 달성하지 못하는 사람들의 원인을 깨달았다. 그들의 노력이 부족한 게 아니라, 애당초 이룰 수 없는 목표를 설정했던 것이다.

"나는 한 번도 목표를 달성해 본 적이 없어."라고 말하는 사람들은, 자신의 능력이나 의지를 의심하며, 패배감을 느낀다. 성취감을 위해 설정한 목표가 오히려 자괴감을 느끼게 하는 것이다.

만약 당신이, 목표달성에 실패한 적이 있다면 이 책을 권하고 싶다. 이 책을 읽는 동안, 당신이 목표달성에 실패한 원인을 분석하고, 이룰 수 있는 목표를 설정하는 방법을 알 수 있을 것이다.

이 책은 SMART 목표설정기법을 소개하고 있다. 여기에 자기주도성(Personal Initiative: PI)의 하위 요소인 능동적 태도, 미래지향적 사고, 장애물 극복하기를 더해 당신의 목표를 '이루는 목표'로 만들기 위한 가이드를 제공한다.

당신이 지금보다 더 발전적인 삶을 살아가고 싶다면, 우리와 함께 당신의 목표를 재검증해 보기를 권한다.

2023년 11월, 글쓴이들.

PART 3

목표설정 컨설팅
: 사례를 통해 살펴보기

목표는 왜 필요한가?

당신의 인생에 목표가 필요한 이유

목표가 없는 삶

한국인은 근면·성실하기로 유명하다. 매일 같이 부지런하게 일하고, 모든 일에 열심히 노력한다. 항상 시간에 쫓기며, 다음 날의 일정도 빽빽하게 정해져 있는 경우가 많다. 그런데 아이러니하게도, 무엇을 위해서 열심히 살아가냐는 질문에는 명쾌하게 대답하지 못한다.

아무리 빠른 속도로 나아갈지라도, 방향이 명확하지 않다면 표류에 불과하다. 당장 오늘, 내일, 아니면 한 달 뒤의 목표가 존재할지라도, 인생의 큰 그림big picture을 그리지 못한다면, 작은 위기에도 쉽게 무너질 수 있다.

미국 하버드 대학교의 교육위원회가 재학생을 대상으로 한 조사 결과에서, 한국인 입학생 중 40%가 중도에 학업을 포기하는 것으로 나타났다. 그리고 낙제하는 동양인 학생 10명 중

9명이 한국계 학생이었다. 이유가 무엇일까? 대학의 조사 결과는 다음과 같았다.

"그들에게는 장기적인 인생 목표가 없었다."

한국인 학생들의 목표는 '대학' 그 자체일 때가 많다. 내가 원하는 바를 이루기 위한 수단으로서 대학에 입학하는 게 아니라, 그저 대학을 위한 입시를 한다. 입시라는 강력한 목표가 있을 때는 높은 집중력으로 학업성취도를 보이지만, 대학에 들어온 뒤에는 표류하는 배처럼 방황하게 된다.

목표가 없는 삶, 의무적으로 최선을 다하는 하루, 그저 살아가기 위한 삶은 변화를 만나는 순간 쉽게 파괴된다. 학생들은 대학에 들어가는 순간 방황이 시작되고, 직장인은 은퇴를 맞이하며 무력감을 느낀다.

혹시 당신은 목표 없이도 잘 살아가고 있다 느끼는가? 아직 당신의 삶을 뒤흔들 크나큰 변화가 없었던 것일 수 있다.

목표 설정을 통해 얻을 수 있는 것

목표goal란, 개인이나 집단이 의식적으로 이루고자 하는 일 또는 상태를 말한다. 목표를 성취하기 위해서는 일련의 과정을 거치게 된다. 그 과정에서 목표는 삶에 동기를 부여하고 행동의 지표가 된다.

목표를 설정하는 것만으로 다양한 효과를 얻을 수 있다. 첫 번째 효과는 목표가 우리의 삶에 방향성을 제시한다는 것이다. 목표는 우리가 원하는 미래의 모습을 정의한다. 부자가 되는 것이 목표라면 돈을 버는 일이 가장 중요한 일이 될 것이다. 행복한 사람이 되고 싶다면, 사랑하는 사람과 더 많은 시간을 보내는 것이 중요할 것이다. 살아가며 마주하게 되는 수많은 선택의 순간에서 목표는 우리가 어떤 방향으로 나아가야 하는지 알려준다.

두 번째는 목표를 설정하는 것만으로 집중력이 향상된다는 것이다. 명확한 하나의 목표가 있다면, 다른 방향으로 에너지가 분산되는 것을 막아준다. 무엇을 해야 할지 알 수 없는 순간에 목표가 있는 사람은 목표와 관련된 부가적인 작업을 수행할 수 있다.

세 번째는 목표를 설정하는 과정에서 이미 자신감과 성취감을 느낄 수 있다는 것이다. 목표를 설정하기 위해 자신이 무엇을 원하는지 성찰하게 되고, 목표달성을 위한 단계와 일정을 계획하면서 자기관리 능력을 강화할 수 있다. 작은 것이라도 목표를 세웠다는 그 자체로 만족감을 느낄 수 있으며, 할 수 있다는 자기효능감을 향상시켜 준다.

인생에서 원하는 바를 이루고자 할 때, 목표는 지침서와 같은 역할을 한다. 목표는 우리가 나아가야 할 방향을 제시하고, 그 방향으로 나아가기 위한 계획과 노력을 도와주는 역할을 한다. 목표가 없다면 우리는 원하는 것을 쟁취하기 어렵다. 또한, 목표를 세우고 그것을 달성하는 과정에서 더욱 의미 있는 경험을 할 수 있다.

목표를 세우는 것 vs 목표를 기술하는 것

원하는 것을 막연하게 생각하는 것과 구체적인 목표를 기술하는 것 사이에는 큰 차이가 있다. 목표를 설정하는 과정은 우리가 달성하고자 하는 것을 명확히 정의하게 하고, 목표를 향한 동기를 부여한다. 그리고 목표를 기술하는 동안 열정과 실행력이 강화될 수 있다.

1979년 하버드 대학교 경영대학원 재학생을 대상으로 목표에 관한 설문조사가 진행되었다. 설문의 내용은 단순했다.

"미래의 목표를 명확하게 세웠는가?"
"목표를 성취할 수 있는 구체적인 계획이 있는가?"
"미래의 목표를 기록해 두었는가?"

세계 최고의 대학교 학생이라면 대부분이 구체적인 목표와 계획을 세웠을 것 같다는 생각이 들지만, 대략 16%만이 목표를 세웠다고 답변했다. 3%는 목표를 명확히 세우고 구체적인 계획을 기록해 놓았다고 답변했고, 13%는 목표를 세웠으나 구체적인 계획을 세우거나 기록해 두지는 않았다고 했다. 나머지 84%는 아무런 계획을 세우지 않았다. 10년이 지난 후, 연구팀은 답변자들을 추적하여 그들의 성공 여부를 확인했다. 결과는 어땠을까?

목표를 세우고 기록해 두었던 3%의 학생들은 목표를 세우지 않았던 그룹에 비해 10배 이상의 소득을 올리고 있었다. 목표를 세웠으나 기록하지 않았던 13%의 학생 또한 목표를 세우지 않은 그룹에 비해 2배 이상의 소득을 올렸다.

이 설문조사는 목표 설정의 중요성을 인식시키는 대표적인 사례이다. 이 사례에서 가장 핵심적인 것은 '글로 적어 둔 구체적인 계획'이 있는 목표만이 우리를 성공에 더 가까워지게 한다는 것이다.

당신은 어떠한가? 목표를 세우고 구체적인 계획을 기록해 둔 3%에 속하는가? 아니면 목표는 있지만, 구체적인 계획이 없는 13%인가? 아니면 아무런 목표가 없는 84%인가? 만약 당신이 목표를 구체적으로 기록하지 않았다면, 이 책을 읽고 맨 마지막 페이지에 당신의 목표와 구체적인 계획을 기록해 볼 것을 추천하고 싶다.

"아무리 빠른 속도로 나아간다 할지라도,

방향이 명확치 않다면 표류하는 것에 불과하다.

당장 오늘, 내일 아니면 한 달 뒤의

목표가 존재할지라도,

인생의 큰 그림을 그리지 못한다면,

작은 위기에도 쉽게 무너질 수 있다."

목표를 이루기 위해 알아야 할 것들

'지피지기 백전불태知彼知己 百戰不殆'라는 말이 있다. 적을 알고 나를 알면 백 번을 싸워도 위태롭지 않다는 뜻이다. 우리가 무언가를 이루고자 한다면, 그 분야에 대한 철저한 조사가 선행되어야 한다. 목표도 마찬가지다.

목표설정이론goal-setting theory에서는 개인의 성과가 그 사람의 목표 설정 여부에 의해서 결정된다고 이야기한다. 하지만 설정된 목표의 특성과 종류가 무엇이냐에 따라 실행 당사자의 동기부여 정도가 달라지기 때문에 목표의 달성 여부도 달라질 수 있으며, 결과적으로 기대한 성과에 미치지 못할 수 있다.

우리가 목표를 설정할 때, 구체적인 상황은 조금씩 다르다. 개인의 목표일 수도 있고 조직의 목표일 수도 있으며, 실행 당사자가 한 명이거나 아니면 여러 명일 때도 있다. 이렇게 상황이 달라진다면 목표에 접근하는 방식 또한 달라져야 한다.

따라서 각각의 상황에 맞추어 최적의 목표를 설정하기 위해 서는 목표의 특성과 종류에 대해 잘 파악하고 있어야 한다.

목표의 특성

목표의 특성은 크게 구체성specificity과 난이도goal difficulty로 나눌 수 있다. 먼저 첫 번째 특성인 구체성에 대해 살펴보면, 얼마나 구체적으로 목표를 설정했느냐에 따라 성과가 달라지는 것이다. 단순히 "열심히 살자!"라는 애매한 목표를 설정했을 때, 이 목표에서는 큰 성과를 기대하기 힘들다. '열심히'라는 말의 기준이 사람마다 다르며, 무엇을 어떻게 열심히 해야 하는지 알 수 없기 때문이다.

여러 연구에서 구체적인 목표를 설정했을 때 더 높은 성과를 달성할 수 있음이 검증되었고, 이와 관련된 연구는 최근까지도 활발하게 이루어지고 있다.

그렇다면 구체적이라는 것은 무슨 뜻일까? 목표가 구체적이라는 것은 '수행 기간'과 '목표의 양'이 명확한 것을 말한다. 예를 들어, "월요일 오후 5시까지 50쪽 분량의 보고서를 완성한다."라는 식이다. 구체적인 목표는 노력의 방향을 제시해주며 심리적 불확실성을 제거하여 목표의 달성 여부를 가늠하게 한다.

목표의 두 번째 특성은 난이도이다. 성취 가능한 범위 내에 있는 목표라면 어렵고 도전적일수록 성과가 높게 나타난다. 그렇다면 어렵고 도전적이라는 것은 무슨 뜻일까? 사람에 따라 어려운 정도가 다르게 느껴지겠지만, 일반적으로 똑같은 목표를 수행하는 집단의 평균적인 성과로부터 약 2배 정도 되는 지점을 어려운 목표라고 이야기한다.

예를 들어, 같은 반 아이들이 평균적으로 줄넘기를 연속 50회 정도 성공하고 있다면, 그 두 배인 100번을 목표로 설정하는 것이 도전적인 난이도의 목표라고 할 수 있다.

목표를 너무 쉽게 설정하면 성취감을 느낄 수는 있지만 큰 성과를 기대하기 어렵다. 또한, 목표를 달성한 후에 큰 보람을 느끼기도 힘들다. 반면에 너무 높은 목표를 설정하면 시작하기 전부터 큰 부담감을 느끼게 되어 시작조차 하지 않게 되기 쉽다. 또한, 열심히 노력했음에도 목표치가 너무 높아 실패하게 된다면, 허무함을 느끼며 크게 실망할 수 있다.

목표의 종류

목표의 종류는 누가 목표를 설정하느냐에 따라 크게 세 가지로 나누어 이야기할 수 있다. 첫 번째는 지시된 목표, 두 번째는 참여적 목표, 마지막으로 자기설정목표가 있다.

지시된 목표는 타인에 의해 결정된 목표이다. 예를 들어, 부모가 자녀에게 특정 학교의 입학을 목표로 공부하게 하거나, 직장에서는 상사가 결정하여 부하직원에게 전달하는 목표가 있다. 생각보다 많은 사람이 이렇게 자발적이지 않은 방식의 목표 설정에 참여한다. 이때 가장 중요한 부분은, 이 목표가 나에게 얼마나 수용적acceptance인가 하는 부분이다. 스스로 납득할 수 없는 목표이거나, 부당하다고 느껴지는 목표라면 그 목표는 달성하기 어렵다. 따라서 목표를 지시해야 하는 상황이라면, 그 목표를 실행해야 하는 사람의 의견을 충분히 반영해야 성과로 이어질 수 있다. 이러한 단점을 보완하기 위해 참여적 목표를 설정할 수 있다.

참여적 목표는 토론을 통해 공동으로 설정하는 목표이다. 가족, 조직, 동아리 등 다양한 집단에서 의논하여 공동 목표를 설정하는 것이다. 이렇게 목표를 설정하면 나의 의견이 반영된 목표를 설정할 수 있으므로, 타인에 의해 일방적으로 목표가 할당되었을 때보다 목표에 대한 애착이 강해지고, 더 높은 성과를 달성할 수 있게 된다. 하지만 참여적 목표의 경우, 목표치를 정할 때 자신이 수행하는 과정에서의 어려움을 고려하여 최선의 목표나 도전적인 목표를 설정하지 않는 경우가 많다는 연구결과가 있다. 따라서 참여적 목표를 설정하는 경우에는 목표의 내용과 방향은 함께 정하되, 달성 기간과 목표량은 조직의 리더가 조절하는 것이 바람직하다.

자기설정목표는 목표를 설정하고 수행하는 과정에서의 모든 사항을 스스로 결정하는 것이다. 자기설정목표는 흥미, 지식 획득, 성취감 등의 내적 동기에 의해 설정되기도 하지만, 부모의 기대나 압력, 사회적 인정, 경쟁자의 성취 등과 같은 외적 동기에 의해 설정되기도 한다.

그렇다면 지시된 목표, 참여적 목표, 자기설정목표 중에서 가장 성취가 큰 목표 설정 방식은 무엇일까? 많은 사람이 자기 설정목표가 가장 큰 성취를 이룰 수 있을 것으로 생각한다. 하지만, 상당수의 연구에서 가장 큰 성취를 이룬 목표 설정 방식은 바로 지시된 목표라는 것이 밝혀졌다. 자신의 의견이 전혀 반영되지 않은 목표임에도 불구하고 성과는 가장 좋았다. 이유는 무엇일까?

바로 목표를 달성해가는 과정에서의 문제점이다. 타인에 의해 지시된 목표는 그 타인에 의해 감시되고, 피드백이 이루어지며, 명확한 보상이 이루어진다. 보상의 종류는 성과금이나 보상품과 같은 구체적인 물질적 보상도 있지만, 지시자나 주변인의 인정과 같은 정신적 보상도 큰 역할을 한다. 또한, 목표를 수행하는데 어려움을 느끼면 목표를 지시한 자에게 도움을 구하거나 어려운 지점에 대해 상의할 수 있다. 따라서 목표에 대한 압박감이 커지고 목표에 집착하게 되어 더 큰 성과를 이루어 낼 수 있다.

스스로 목표를 설정한 사람이 큰 성취를 이루어내고 싶다면, 지시된 목표의 특성을 차용해 볼 수 있다. 나의 목표를 타인이 알게 함으로써, 내 목표의 감시자를 만들고, 피드백을 구하고, 목표달성에 어려움을 느낄 때 상의하거나 도움을 줄 수 있는 사람을 만드는 것이다. 하지만, 상당수의 사람이 목표달성에 실패할 것을 두려워하기 때문에 다른 사람들에게 자신의 목표를 알리지 않으려고 한다.

"우리가 무언가를 이루고자 한다면,

그 분야에 대한 철저한 조사가 선행되어야 한다.

목표도 마찬가지다.

우리가 목표를 설정할 때,

구체적인 상황은 조금씩 다르다.

개인의 목표일 수도 있고

조직의 목표일 수도 있으며,

실행 당사자가 한 명이거나

아니면 여러 명일 때도 있다.

이렇게 상황이 달라진다면

목표에 접근하는 방식 또한 달라져야 한다."

목표 설정에서 목표달성으로

　목표의 중요성에 대해서는 귀에 못이 박히도록 들어봤다. 그래서 우리 모두 살면서 한 번쯤은 목표를 세워본 적이 있다. 하지만 얼마나 많은 사람이 목표를 달성하고 있을까?

　안타깝게도 목표를 설정한다고 해서 모두가 목표를 달성할 수 있는 것은 아니다. 대부분은 결심한 목표를 이루지 못하고 있다. 그런 현실을 반영하듯 '작심삼일作心三日'이라는 말이 있지 않은가? 그런데 왜 목표를 달성하지 못하는 걸까? 사람이 목표를 달성하지 못하는 이유는 다양하다. 그 중에서도 일반적인 이유는 다음과 같다.

목표를 달성하지 못하는 이유

　첫째, 명확하지 않은 목표 설정했을 때 그 목표는 달성하기 어렵다. 목표가 명확하지 않거나 구체적으로 정의되지 않으면 그것을 달성하기 위한 계획을 세우기 어려워진다. 단순히 '부자 되기'라는 목표를 세웠다면, 먼저 내가 생각하는 부자의 정의가 무엇인지, 그 정의에 부합하는 사람들은 어떤 방법을 통해 부자가 되었는지, 그 방법이 나에게도 적용 가능한지 등을 살펴봐야 할 것이다.

둘째, 현실적이지 않은 목표를 설정했을 수 있다. 내가 가진 자원과 능력으로는 달성할 수 없는 목표를 설정했을 때, 그 목표는 실패할 가능성이 크다. 가장 먼저 해야 할 일은 '자기객관화'이다. 원하는 목표가 있어도 나의 능력을 먼저 살펴야 한다. 간혹 불가능해 보이는 일을 이루어 낸 사람들이 텔레비전에 나와서 자신의 이야기를 한다. 그들이 텔레비전에 나오는 것은 그만큼 흔치 않은 일이기 때문이다. 그들의 이야기를 나의 이야기로 착각해서는 안 된다.

셋째, 목표에 대한 계획이 부재한 경우이다. 아무리 멋진 목표를 설정했다 할지라도 그것을 이루기 위한 계획이 반드시 존재해야 한다. 목표를 이루기 위한 구체적인 계획이 없다면 당장 해야 할 일을 알기 어렵다. 목표를 이루기 위해서 해야 할 일을 순서대로 나열하고, 적절한 시간과 자원의 배분 등을 통해 목표를 보완할 수 있어야 한다.

넷째, 자기효능감self-efficacy이 부족할 때도 목표를 달성하기 어렵다. 자기효능감은 주어진 일을 성공적으로 수행할 수 있다는 자기 자신의 능력에 대한 믿음을 말한다. 자기효능감은 목표달성을 위한 핵심 요소다. 목표달성에 필요한 능력과 자원을 모두 갖추고도 자기효능감의 부족으로 시도조차 하지 않거나 소극적인 태도로 인해 실패하는 경우가 적지 않다. 특히, 이전에 비슷한 목표를 세웠다가 실패한 기억이 있다면, 그 경험이 자신에 대한 부정적 영향을 끼칠 수 있다. 이런 경우에는, 당장 성공할 수 있는 작은 목표부터 시작하면서 자기효능감을 높여 나가거나, 비슷한 목표의 성공 사례를 학습하여 목표 성취에 대한 두려움을 없애야 한다.

목표를 달성하는 데 필요한 동기가 충분하지 않다면, 목표달성을 위해 노력하지 않을 가능성이 크다. 특히 자신이 원하는 목표가 아니라 타인이 원하는 목표였거나, 사회적 기대에 따른 목표라면 더욱 달성하기 어려워진다. 내가 정말로 원하는 목표인지를 다시 생각해 보고, 내가 왜 그 목표를 달성해야 하는지 분명하게 이해해야 한다. 그리고 목표를 달성함으로써 어떤 이점이 발생할 수 있는지를 생각하는 것이 강력한 동기를 유지할 수 있게 한다.

그 외에도 가정, 직장, 학교 등의 외부적인 요인들이 방해가 될 수 있다. 예를 들면, 건강 문제, 가족 간의 불화, 경제적인 어려움 등이 있다.

만약, 별다른 외부 요인이 없음에도 불구하고 세우는 목표가 다 작심삼일로 끝난다면 어떻게 해야 할까? 이럴 때 도움을 줄 수 있는 것이 바로 '목표설정기법'이다.

목표설정기법이란?

많은 사람이 목표를 달성하지 못할 때마다 자신의 의지를 탓한다. 그리고 목표에 실패할 때마다 '역시 난 안 되나 봐.'라는 자조적인 생각을 하며, 자신감을 잃어간다.

하지만, 앞서 보았듯 목표달성에 실패하는 이유가 단순히 의지 부족 때문만은 아니다. 대부분은 목표를 설정하는 과정 자체에 문제가 있다고 이야기한다. 이와 같은 문제를 해결하기 위해, 똑똑한 목표를 설정할 수 있도록 도와주는 다양한 목표설정기법들이 소개되고 있다.

목표설정기법이란, 개인이나 조직이 특정 목표를 달성하기 위해 사용하는 전략이나 방법을 의미한다. 자신의 상황에 적합한 적절한 목표설정기법을 선택한다면, 목표를 효과적으로 달성할 수 있다.

지금까지 개발된 목표설정기법은 다양하지만, 이 책에서는 SMART-PI 목표설정기법을 자세히 소개하고자 한다.

"아무리 멋진 목표를 설정했다 할지라도

그것을 이루기 위한 계획이 반드시 존재해야 한다.

목표를 이루기 위한 구체적인 계획이 없다면,

당장 해야 할 일을 알기 어렵다.

목표를 이루기 위해서

해야 할 일을 순서대로 나열하고,

적절한 시간과 자원의 배분 등을 통해

목표를 보완할 수 있어야 한다."

이루는 목표설정기법
: SMART-PI

SMART 목표설정기법이란?

SMART 목표란?

SMART 목표SMART goal란 목표를 세울 때 다섯 가지 기준으로 목표의 타당성을 검증해보는 기법이다. SMART라는 단어는 각각의 의미가 있는 단어 5개의 앞 글자를 딴 두문자어이다. 5개의 단어는 해석하기에 따라 조금씩 달라지지만, 이 책에서 이야기하는 SMART목표는 구체적specific이고, 측정 가능measurable하며, 야심ambitious차고, 현실적realistic이면서, 제한된 시간time-bound이 있는 목표를 의미한다.

스마트 목표는 유용성이 입증된 목표설정기법 중 하나로, 현재 많은 조직이나 개인이 목표설정에 활용하고 있으며, 특히 경영학, 심리학, 교육학 등에서 많이 다루어지고 있다. 스마트 목표는 목표의 타당성을 확인할 수 있는 구체적이고 명확한 지침을 제공하여 목표를 보다 효과적으로 설정하고 달성할 수 있도록 돕는다.

SMART 목표 외에도 목표설정기법의 종류는 다양하지만, 이 책에서 SMART 목표를 가장 주요하게 다루는 이유는 어떤 목표설정기법을 활용하더라도 그 목표에 SMART 목표를 적용할 수 있기 때문이다.

목표설정기법의 종류에 따라 특별한 양식이 제공되기도 하고, 어떤 순서를 따라야 하는 경우도 있다. 하지만 SMART 목표는 일단 목표를 세운 후에 그것이 실현 가능한지를 5가지 기준에 따라 검증해보는 일종의 '과정'이다.

때문에 어떤 종류의 목표설정기법을 사용하더라도 마지막에는 SMART 목표의 기준에 따라 설정된 목표의 타당성을 검증해볼 수 있다는 장점이 있다.

SMART 목표의 시작과 발전

SMART 목표설정기법이 만들어지는 데에는 많은 학자의 주장과 연구 기록이 뒷받침되었다. 1940년부터 1950년대에는 구체적이고 측정 가능한 목표의 장점에 대해 논의하기 시작했다. 그중 1954년 피터 드러커Peter Drucker는 자신의 저서인 《경영의 실제The practice of management》에서 목표의 타당성을 확인하는 것이 중요하다고 언급했으며, 이 책에서 목표에 의한 관리MBO:management by objectives라는 개념이 처음 등장했다.

피터 드러커는 《경영의 실제》에서, 목표는 기업의 사명mission을 달성하기 위한 행동강령이자 성과를 측정하기 위한 기준이 된다고 말했다. 또한, 목표를 구체화하는 방법을 언급했는데 그 내용을 살펴보면, 목표는 '행동과 관련된 것'이어야 하고, 기업의 자원과 노력을 한 곳에 '집중'시킬 수 있어야 하며, 기업의 생존과 관련된 모든 분야에 대해 단일의 목표가 아닌 '복수'의 목표를 세워야 하고, 고객을 창조할 수 있고, 혁신을 만들어낼 수 있으며, 사회적 책임을 완수할 수 있으면서도 이익을 창출해 낼 수 있는 목표를 세워야 한다는 것 등에 관해 설명했다.

피터 드러커는 이 책에서 목표를 측정하는 것의 중요성과 목표에 기간을 정해야 하는 이유에 대해 상세히 설명하고 있다. 또한, 목표를 설정할 때는 몇 가지 기준을 가지고 타당성을 따져봐야 한다고 이야기했다. 하지만, 알려진 것과 달리 그는 이 책에서 SMART 목표설정기법이라는 용어를 사용하거나 세부적인 다섯 가지 기준을 제시한 적은 없다.

현재 많은 출판물과 칼럼, 인터넷 검색 기록에서 SMART 목표설정기법을 피터 드러커가 제시한 기준이라고 소개하고 있지만, 이는 잘못된 주장이다. 실제로는 피터 드러커의 《경영의 실제》에서 제시하고 있는 목표관리 기술에서 영감을 받아, 이후 다양한 연구를 통해 SMART 목표설정기법이 탄생했다는 것이 사실에 가깝다.

이후 워싱턴 수력발전회사의 기업계획 이사이자 경영 컨설팅 기업의 사장이었던 조지 도란George T. Doran이 1981년 AMA Forum에서 《경영의 목적과 목표를 작성하는 S.M.A.R.T 기법이 있다There's S.M.A.R.T. way to write management goals and objectives》라는 제목의 논문을 발표했다. 이 논문을 통해 기업경영을 발전시키기 위한 목표관리 방법으로 SMART 목표설정기법을 소개했다.

그는 해당 논문에서 경영의 탁월함은 기업의 관리자가 목표를 어떻게 설정하느냐에 따라 달라지며, 목표의 수립과 각각의 실행 계획의 개발은 기업경영 과정 중에 가장 중요한 단계라고 주장했다. 하지만, 관리자의 대부분은 목표가 무엇이고 어떻게 설정해야 하는지는 모르고 있다는 점을 지적했다.

그는 의미 있는 목표를 작성하는 방법으로 SMART 목표설정기법을 소개했는데, 그가 작성한 최초의 SMART 기법은 구체적specific이고, 측정 가능measurable하며, 할당 가능assignable하며, 현실적realistic이고, 제한된 시간time-related의 다섯 개의 단어의 앞 글자를 연결한 것이었다.

조지 도란은 위와 같은 목표설정기법을 제시하면서 정말

중요한 것은 목표와 그 실행 계획이 결합되어야 한다고 이야기했다. 그리고 SMART 기준의 지침으로 가까워질수록 그 목표는 이름 그대로 더욱 똑똑해질 것이라고 말했다. 하지만, 목표의 특성이나 목표를 수행하는 환경에 따라 5가지 기준을 모두 충족하지 못할 수 있다는 것을 이해해야 한다고 덧붙였다.

조지 도란이 제시한 SMART 목표설정기법의 구체적인 내용은 아래와 같다.

Specific 구체적

: 개선해야 할 특정 영역을 대상으로 한다.

Measurable 측정 가능

: 정량화하거나 최소한의 진행률의 지표를 제시한다.

Assignable 할당 가능

: 작업을 수행할 책임자를 지정한다.

Realistic 현실적

: 사용 가능한 자원과 현실적으로 얻을 수 있는 결과를 설명한다.

Time-related 시간제한

: 결과를 얻을 시기를 지정한다.

조지 도란의 SMART 목표설정기법은 기업경영에 있어 관

리자가 제시해야 할 목표에 중점을 두고 만들어졌다. 하지만, SMART 기법이 기업경영뿐 아니라 학생이나 직장인 등 개인에게 널리 적용되기 시작하면서 필요에 따라 세부 기준이 수정 및 보완되기 시작했다. 특히, 할당 가능한assignable 목표는 팀 또는 조직에서 구성원에게 업무를 배분하기 위해 사용된 개념이기 때문에, 개인의 목표에서는 적용되지 않았다. 이렇게 적용되기 어려운 부분을 조금씩 수정하여 다양한 버전의 SMART 목표가 만들어지기 시작했다.

2002년 세인트루이스대학교의 로버트 루빈Robert S. Rubin 교수는《진정한 SMART 목표가 실현될 수 있을까?Will the real SMART goals please stand Up?》이라는 논문에서 목표설정기법의 효과성에 대해 이야기 하며, 목표설정의 원리를 담은 도구로 SMART 목표설정기법을 소개했다. 그는 SMART 목표의 5가지 기준에 대한 다양한 해석을 정리하고 효율성과 보상 그리고 피드백의 중요성을 강조하였다. 또한, SMART 목표의 진화적 요인에 관해 이야기하며, 시기별로 목표설정의 특성을 감안하여 수정하여 적용하는 것이 바람직하다고 밝혔다.

가장 널리 알려진 SMART 목표설정기법의 의미는 구체적 specific이고, 측정 가능measurable하며, 달성 가능achievable하고, 현실적realistic이면서, 제한된 시간time-limit이 있는 목표를

S	구체적인 specific, 단순한 simple, 뜻 깊은 significant
M	측정 가능한 measurable, 의미 있는 meaningful, 관리되는 manageable
A	달성 가능한 achievable, 이룰 수 있는 attainable, 수용할 수 있는 acceptable, 합의 된 agreed, 행동지향적인 action-oriented, 행동 기반의 action-based, 할당 가능한 assignable, 임명 가능한 appointable, 조정 가능한 aligned, 책임감 있는 accountable, 매력적인 attractive
R	현실적인 realistic, 관련성 있는 relevant, 결과중심적인 results-focused, 기록되는 recorded
T	시간 제한이 있는 Time-bound, timely, time-based, timed, time-specific, time framed, time-related, time time-targeted, time, time-limited, timeline, with a timeline, have a target date, time-oriented, with a given time frame, with time frames

SMART 목표의 다양한 해석

의미한다. 위에 등장하는 모든 의미는 각각의 상황과 필요에 의해 다르게 적용될 수 있는 것이며, 초기에 설정한 기준과 다르다고 하여 틀렸다고 말할 수는 없다. 조지 도란이 말했듯, 목표의 특성과 상황에 따라 적용될 수 없는 기준이 있다면, 적절히 수정하여 반영하는 것 또한 방법이 될 수 있다.

　지금까지 알려진 SMART목표의 5가지 기준에 대한 다양한 해석을 종합해 보면 왼쪽에 제시된 표와 같다.

　표를 보면 알 수 있듯, 가장 다양한 의미로 해석되는 것은 SMART 중에서 A에 대한 해석이라고 할 수 있다. 팀 또는 조직 내에서 목표를 설정할 때는 구성원에게 적절히 할당assignable되고 있거나 또는 모두가 수용acceptable할 수 있거나, 합의agreed된 목표를 적용할 수 있고, 개인의 목표에 적용할 때는 달성 가능한achievable 또는 행동지향적인action-oriented 목표를 설정할 수 있다. 특히, 개인의 목표 설정에 있어 달성 가능한achievable 목표라는 기준이 많이 쓰이고 있는 이유는, 목표설정의 최상의 결과가 목표달성이기 때문이다.

　목표는 달성하기 위해서 설정하는 것이고, 이 때문에 달성할 수 있는 목표를 설정하라는 의미로 널리 알려졌지만, 이 해석에는 딜레마가 발생할 수 있다. 목표가 쉬워질수록 달성 가능성이 더 커지기 때문에, 쉬운 목표를 설정했을 때 더 높은 만족도와 성취감을 느낄 수 있다. 하지만, 어려운 목표를 설정했을 때, 가장 높은 성취를 이루게 된다는 것은 수많은 연구에서 검증된 바 있다. 따라서 더 높은 성취를 이루고자 하는 사람일수록 어렵고 힘든 목표를 세워야 한다고 이야기하고 싶다. 이에, 본 책에서는 달성 가능한achievable 목표이기 보다는, 야심 찬ambitious 목표를 설정하기를 제안한다.

SMART 목표의 5가지 조건

이 책에서 소개하는 SMART 목표는 구체적specific이고, 측정 가능measurable하며, 야심ambitious차고, 현실적realistic이면서, 제한된 시간time-bound이 있는 목표를 의미한다. 5가지 기준의 구체적인 내용은 다음과 같다.

첫째, Specific! 구체적이어야 한다.
성취하고자 하는 것을 명확하게 제시할 수 있어야 하며, 무엇을 성취할 것인지, 그것을 성취하기 위해 어떤 행동을 할 것인지가 설명되어야 한다. 이루어지는 목표는 구체적이다. '성공적인 사업가가 되기'라는 식의 막연한 목표보다는 '연 매출 10억을 달성하는 사업가'처럼 구체적인 목표를 작성해야 실현 가능성이 커진다. 따라서 목표는 구체적이고 명확해야 한다.

무엇을, 언제, 어디서, 왜, 어떻게 달성할 것인지 정확하게 명시해야 한다. 이를 통해 목표를 이해하고 실행할 수 있는 방향성을 제시할 수 있다.

둘째, Measurable! 측정 가능해야 한다.

그 목표에 도달한 순간에 정확히 알 수 있도록 수치로 목표를 세워야 한다. 명확한 숫자, 퍼센트 등의 단위를 활용할 수 있다. 구체적인 측정 내용으로 금액, 증가율, 고객 수 등 수치화할 수 있는 단위를 찾아 나의 목표달성 여부를 측정할 수 있어야 한다. 얼마나 많이, 얼마나 자주, 어떤 기준으로 달성할 것인지를 정확하게 측정할 수 있어야 한다. 이를 통해 목표의 달성 정도를 파악하고 성과를 평가할 수 있다.

피터 드러커는 "측정할 수 있어야 관리할 수 있다!What gets measured gets managed!"는 말을 남겼다. 피터 드러커는 쉽게 측정할 수 있는 것만을 관리하는 것에 대해 우려했으며, 측정할 수 없다는 이유로 정말 중요한 것을 놓쳐서는 안 된다고 이야기 했다.

때로는 목표의 특성상 측정하기 매우 어려울 수 있다. 예를 들면 '고객만족도를 높인다'는 목표를 설정했다면, 고객만족에 대한 별도의 측정 도구를 마련하고 이에 대한 데이터 수집 과정이 목표의 실행 계획에 포함될 수 있다. 주어진 목표에 대해 완벽하고 직접적인 측정 방법이 즉시 실현 가능하지 않더라도 원하는 최종적인 결과가 어떤 모습인지 계획하는 것은 매우 중요하고 가치 있는 일이다.

측정 방법은 정량적인 목표인지 정성적인 목표인지에 따라 달라질 수 있다. 정량적인 목표는 '10쪽 분량의 보고서를 쓴다'와 같이 수량, 개수, 금액 등을 목표로 잡는 것이며, 측정하기 용이하다. 정성적인 목표는 '가독성이 높은 보고서를 쓴다'와 같은 질적 측면의 향상이기 때문에 객관적으로 측정하기 어렵다. 이때에는 설문조사, 피드백 등 타인의 의견을 수집하여 목표달성 여부를 측정할 수 있다.

셋째, Ambitious! 야심 찬 목표여야 한다.

20세기 최고의 권투선수 무하마드 알리는 "만약 당신의 꿈이 당신을 두렵게 하지 않는다면, 그 꿈은 충분히 크지 않은 것이다."라고 말했다. 많은 사람이 목표달성에 실패할 것을 염려하여, 쉬운 목표를 선택하는 경향이 있다.

이미 이루어 본 적이 있는 목표, 쉬운 목표를 정하는 것은 성장하고 있는 것이 아니다. 내가 도전해 본 적이 없는 일 또는 달성해 본 적이 없는 정도를 목표로 삼아야 한다. 그렇다면 어느 정도의 목표가 '야심 찬' 목표일까? 실패할 확률이 80% 정도인 목표를 야심 찬 목표라고 이야기하고 싶다.

넷째, Realistic! 현실적이어야 한다.

종종 큰 꿈을 가져야 한다고 생각하면서, 말도 안 되는 목표를 세우기도 한다. 큰 꿈과 비현실적인 꿈은 다른 것이다. 내가 도달해 본 적이 없으나, 현실적으로 달성 가능한 정도 내에 있어야 한다. 따라서 목표는 현실적이고 달성 가능해야 한다. 어떠한 상황에서도 불가능하지 않고, 달성 가능한 범위 내에서 목표를 설정해야 한다. 이를 통해 목표의 달성 가능성을 높이고, 목표에 대한 동기를 유지할 수 있다.

그렇다면 자신의 목표가 현실적인지 어떻게 알 수 있을까? 바로 자신의 자원을 확인해야 한다. 자신의 가용 자산(현금, 물적 자산, 건물 등)과 인맥, 능력(지적 능력, 신체적 능력 등), 체력, 활용 가능 시간 등을 종합하여 내가 그 목표를 이룰 수 있는 자원을 가지고 있는지 확인해야 한다.

종종 충분한 능력이 있음에도 시간이 부족하거나, 자산은 충분하지만 체력이 부족하여 목표달성에 실패한다. 설정한 목표를 달성하기 위한 금전적, 시간적, 체력적, 능력적 자원을 미리 파악한 뒤, 내가 그 자원을 충분히 확보하고 있는지 확인해야 한다.

다섯째, Time-bound! 제한된 시간이 있어야 한다.

마감 시한은 종종 사람의 능률을 극대화한다. 시간제한이 없으면 한도 끝도 없이 늘어지기 쉽다. 막연히 '1년 안에' 같은 방식이면 안 된다. 목표를 달성할 정확한 날짜를 기록해서 남은 시간을 계산할 수 있어야 한다. 그래서 목표는 기간이 정해져 있어야 한다. 목표를 달성하는 데 필요한 기간과 목표달성까지의 마감일을 설정해야 한다. 이를 통해 목표의 우선순위와 달성까지의 기간을 명확히 할 수 있고, 기간 내에 목표를 달성하기 위해 분발하게 되는 것이다.

그렇다면 어떻게 마감 시한을 설정해야 할까? 목표달성 과정에서 필요한 활동이나 검토 과정에서 어느 정도의 시간이 걸리는지 미리 살펴보아야 한다. 만약 시험에 통과해야 하거나, 행정기관의 검토를 거쳐야 한다면, 그에 따라 목표 수행 기간에 영향을 받을 수 있다. 만약 목표달성에 필요한 시간을 산정하기 어렵다면, 앞서 그 목표를 달성한 사람들이 어느 정도의 시간이 필요했는지를 살펴본 뒤 반영할 수 있다.

목표달성 기간은 타이트하게 설정하되, 중간에 문제가 발생하여 지연될 가능성을 계산할 수 있어야 한다.

SMART 기법은 이러한 다섯 가지 기준을 통해 명확하고 구체적인 방향성을 제시하여 목표를 달성하기 쉽게 만들어준다. 또한, 목표달성에 필요한 노력과 결과를 명확하게 파악할 수 있다. 그리고 마감 시한이 명확한 목표를 설정함으로써, 계획을 세우고 성과를 추적하며, 목표달성을 위한 노력을 효율적으로 기울일 수 있게 한다.

이 책에서는 지금까지 제시된 SMART 목표에 자기주도성

(PI)를 추가하여 한 단계 발전시킨 목표설정기법을 소개하고 싶다. 자기주도성(PI)이 무엇이고 어떻게 적용할 수 있는지를 다음 장에서 상세히 알아보고자 한다.

"SMART 목표설정기법이란

목표를 세울 때 다섯 가지 기준으로

목표의 타당성을 검증해보는 기법이다.

Specific! 구체적이어야 한다.

Measurable! 측정 가능해야 한다.

Ambitious! 야심 찬 목표여야 한다.

Realistic! 현실적이어야 한다.

Time-bound! 제한된 시간이 있어야 한다.

SMART 기법은 이러한 다섯 가지 기준을 통해

목표의 타당성을 확인할 수 있는

구체적이고 명확한 지침을 제공하여

목표를 보다 효과적으로 설정하고

달성할 수 있도록 돕는다."

자기주도성(PI)을 더하라!

자기주도성(PI)이란?

PI는 Personal Initiative의 약자로 자기주도성이라는 뜻으로 해석될 수 있다. 이 책에서 소개하고 있는 SMART-PI 목표 설정기법은 PI 트레이닝이라는 교육 프로그램에서 소개된 것으로, PI 트레이닝은 독일 로이파나 대학교Leuphana University of Lüneburg와 프레세 그룹Frese Group이 공동 연구개발한 기업가 육성 교육 프로그램이다.

PI 트레이닝에서는 자기주도성의 3가지 하위 요소를 능동적 태도self-starting behavior, 미래지향적 사고future thinking, 장애물 극복하기overcoming barriers로 구분하며, 이를 기업가의 성장 사이클에 적용하고 있다. 좋은 목표를 세우기 위한 방법으로, 자신의 목표를 PI 트레이닝에서 제시하는 자기주도성의 세 가지 하위 요소에 부합하는지 체크해 볼 수 있다.

자기주도성의 3대 요소를 간략히 설명하면 다음과 같다. 능동적 태도는 지금까지 해 왔던 일을 반복하는 것이 아니라, 뭔가 새로운 일을 시도하는 것이다. 경쟁자를 따라 하지 않고, 남들이 움직이기 전에, 나만의 창의적인 목표를 설정해 보는 태도를 말한다. 미래지향적 사고는 목표를 세울 때, 해당 목표와 관련하여 앞으로 1~2년간의 장기 목표를 함께 세우는 것이다. 1~2년 후의 장기 목표를 세우고, 6개월~1년의 중기 목표와 1개월~6개월 사이에 이룰 수 있는 단기 목표를 기간에 따라 다르게 세우는 것이다. 장애물 극복하기는 현재 마주하고 있는 장애물을 능동적으로 극복하기 위한 목표를 설정하는 것, 혹은 목표를 달성하는 과정에서 향후 닥쳐올 수 있는 장애물을 미리 파악하여 예방하는 활동을 포함하는 것이다.

　목표를 세우는 과정에서 자기주도성의 세 가지 요소를 적용해보면 목표를 확대·발전시킬 수 있다. SMART 목표설정기법에 맞추어 목표를 세운 뒤에, 자기주도성의 3가지 요소를 더해 장기적인 성장을 가능하게 하는 것이다.

　이 책에서도 목표를 설정하는 과정에서 SMART 목표에 머물지 않고 자기주도성의 3가지 요소를 통해 더 확장된 목표설정을 제시하고자 한다.

능동적 태도 Self-starting behavior

좋은 목표를 설정하기 위한 첫 번째 단계는 능동적인 목표를 설정하는 것이다. 사람들은 '능동성'이라는 말을 흔하게 이야기하지만, 그 정확한 의미를 알고 있는 사람은 많지 않다. 하루 종일 바쁘게 일한 것은 성실하다고 할 수는 있지만, 능동적이라고 할 수는 없다. 그렇다면 능동적 태도는 무엇을 말하는 것일까?

능동적인 목표는 스스로 뭔가를 시작하는 것이다. 주변 환경과 어려운 상황을 직접 변화시키며, 경쟁자들을 앞서 먼저 행동한다. 또한, 적극적으로 새로운 아이디어를 찾고 실행하며, 새로운 방법을 시도한다. 하지만 수동적인 목표를 설정하는 사람들은 경쟁자가 먼저 행동한 이후에 움직이며, 오래된 습관을 고집한다. 또한, 새로운 아이디어를 실현하기 위한 목표가 아니라, 그저 남들을 쫓아가기 위한 목표를 세운다. 이런 목표를 설정하다 보면, 매일 바쁜 시간을 보낼 수는 있겠지만, 새로운 일을 시작할 수 없으며, 기존의 틀에 갇히게 된다. 그렇다면 구체적으로 어떤 목표를 설정해야 할까?

첫째, 차별화!
능동적인 목표는 경쟁자와는 다른 차별화된 아이디어로 승부한다. 수동적인 목표는 경쟁자가 하는 일을 뒤쫓아 가기에 바쁘다. 당신이 설정한 목표 중에서 다른 사람에게는 없는 나만의 차별화된 목표는 몇 가지인가? 누구나 한 번쯤 생각해 봤을 법한 흔한 아이디어만을 실현하고 있는 것은 아닌가? 경쟁력을 가지기 위해 나만의 차별화된 목표는 필수적이다.

둘째, 정보 획득!

능동적인 목표는 그것을 달성하는 데 필요한 정보를 적극적으로 구한다. 수동적인 목표는 그것을 달성하는 데 필요한 구체적인 방법이나 정보를 모르는 채 그저 막연히 목표를 설정한다. 목표를 달성하는 과정에서 정보는 가장 중요한 자원 중 하나다. 양질의 정보를 획득하기 위해 당신은 얼마나 능동적으로 행동하고 있는가? 쉽게 구할 수 있는 정보는 책이나 인터넷만 검색해도 알 수 있지만, 구하기 어려운 핵심적인 정보는 대부분 '사람'을 통해서 얻을 수 있기에 발품을 팔아 정보를 얻을 수 있어야 한다.

셋째, 학습하는 태도!

능동적인 목표는 새로운 것을 배울 기회를 적극적으로 포착한다. 하지만 수동적인 목표는 새로운 것을 배워야 하는 목표를 세우는 것을 주저한다. 목표를 달성하기 위해 얼마나 다양한 학습을 하고 있는가? 목표와 관련된 책, 강의, 모임에 얼마나 자주 시간을 할애하는가? 이제는 평생교육의 시대가 도래

했다. 어린 시절에 학습한 것으로 평생을 살아갈 수 있는 시대는 끝났다. 더욱이 새로운 목표를 달성하기 위해서는 쉼 없이 배우는 것이 무엇보다 중요하다.

당신이 능동적인 목표를 세운다면, 목표달성 이후에 더 많은 성취감을 느낄 수 있을 것이다. 하지만, 수동적인 목표를 설정한다면, 목표달성에 성공한다 할지라도 다른 사람들보다 앞서나가기 어렵다. 능동적인 목표를 세운다는 것은 새로운 것을 시도하는 과정에서 불확실성과 장애물을 직면하는 일이기도 하다. 따라서 더 큰 노력을 수반해야 하며, 장애물을 마주하더라도 포기하지 않는 끈기가 필요하다. 하지만, 한가지를 기억해야 한다. 목표를 통해 큰 성취를 이룬 사람들은 늘 현재 상태에서 '조금 더' 능동적인 목표를 설정해왔다.

미래지향적 사고 Future thinking

목표를 설정할 때 가져야 할 사고방식 중 하나가 바로 미래지향적 사고방식이다. 눈앞의 이익과 상황에 매몰되지 않고 먼 미래의 변화를 예측하며, 그것이 환경과 나의 목표에 미칠 영향을 파악할 수 있어야 한다. 때로, 앞으로의 상황을 적절히 예측하지 못하면, 환경 변화 때문에 좌절되는 목표가 생기기 마련이다.

미래를 예측하기 위해서는 주변 환경이 어떻게 변화하고 있는지 관찰할 수 있는 능력이 필요하다. 21세기는 변화의 속도가 빠르다.

주변 환경이 어떻게 변화하고 있는지 민감하게 받아들이며 정보를 수집하면, 나의 목표가 어떤 영향을 받게 될지 실마리 잡을 수 있다. 이런 주변 환경의 변화를 감지할 때 크게 3가지로 나누어 분석해 볼 수 있다.

첫 번째는 기술적 변화이다.

4차 산업혁명, 대체 에너지, 각종 전자기기 등. 우리 사회 곳곳에서 목격되는 다양한 기술의 변화를 민감하게 포착해야 한다. 필름카메라는 디지털카메라가 보급되며 사라졌고, 디지털카메라 시장은 스마트폰의 등장으로 타격을 입었다. 기술이 변화할 때마다 생각지 못한 분야에 영향을 미친다. 그것은 부정적인 영향일 수도 있고 긍정적인 영향일 수도 있다.

두 번째는 사회적 변화이다.

전 세계적으로 다양한 사회적 변화가 이루어지고 있다. 고령화와 저출생은 대부분의 국가에서 관찰할 수 있으며, 미래를 이끌어 갈 새로운 세대는 이전 세대와는 다른 관심사를 보인다. 그들은 웰빙과 환경에 관심이 많고, 무엇보다 효율성을 중시하는 세대이다. 사회적으로 일어나고 있는 변화 속에서 당신의 목표가 주목해야 할 부분은 무엇인가? 인구구조의 변화를 예측하지 못해 무용지물이 되는 목표도 있고, 새로운 세대의 취향을 분석하지 못해 실패하는 목표도 있다.

세 번째는 정책변화이다.

코로나 19를 겪으며 '사회적 거리 두기'와 '집합 제한'이라는 정책은 많은 변화를 일으켰다. 교육 형태의 변화, 모임 형태의 변화, 사람들의 인식 변화 등. 정책이 거둬들여진 후에도 이같은 변화는 일정 부분 여전히 남아 있다. 정책변화는 사회적 변화와도 연계성이 높다. 고령화라는 사회적 변화가 지속되면 복지정책이나 연금제도 등이 변화할 수 있다. 노동인구 감소로 인해 이민 제도나 외국인 취업 제도 등이 변화할 수도 있다. 특히 나의 목표와 밀접한 현상에 대해 끊임없이 모니터링하며 새로운 정책의 발표에 주목해 봐야 한다.

중요한 것은 이 같은 변화를 그저 파악하는 것에 그치는 것이 아니라 그 안에서 변화 요소와 문제점을 파악해 새로운 아이디어로 연계할 수 있을지 고민해 봐야 한다는 것이다. 주변 환경의 변화는 어떻게 인식하느냐에 따라 '장애물'이 될 수도 있고, '성장의 기회'가 될 수도 있다.

이러한 분석을 통해 나의 목표에 미치게 될 영향을 파악했다면, 그에 따른 1~2년 후의 장기적인 목표를 세우고, 이와 관련된 6개월~1년의 중기 목표와 1개월~6개월 사이에 이룰 수 있는 단기 목표를 기간에 따라 세울 수 있다.

장기·중기·단기 목표의 기간에 대해서는 목표의 분야와 환경에 따라 달라질 수 있다. 피터 드러커는 그의 저서 《경영의 실제》에서 분야가 다르면 상이한 계획 기간이 필요하다고 언급했다. 어떤 분야는 한달 뒤가 장기 계획일 수 있지만, 어떤 분야는 6년 후의 목표가 당면한 과제일 수 있다는 것이다. 따라서 목표에 따른 계획 기간에는 분야와 환경에 따라 다른 기간을 설정하는 것이 바람직하다.

특히 개인의 목표의 경우, 과거에는 장기 목표를 10년에 걸쳐 설정하는 경우도 있었지만, 현대사회에서는 보다 짧은 기간을 설정할 것을 권하고 있다. 과거에 비해 지식의 수명이 짧아지고 있으며, 트렌드가 바뀌는 속도도 빨라지고 있기 때문이다. 불과 3년 전에 세운 목표도 무용지물이 되고 있을 정도로 변화의 속도가 빨라졌다.

따라서, 목표를 세울 때도 민첩성이 중요하다고 이야기한다. 4~5년 후의 알 수 없는 미래를 계획하기보다는, 시장의 변화에 맞추어 보다 민첩하게 목표를 수정할 수 있도록 1~2년 정도의 장기계획이 바람직하다.

장애물 극복 Overcoming barriers

문제점에 대한 최선의 해결책은 이를 '예방'하는 것이다. 능동성과 미래지향적 사고를 발휘하여 본인의 목표에 발생할 수 있는 문제를 미리 식별하고 이에 대한 대비책을 생각해야 한다. 그렇다면 장애물을 극복하기 위해, 문제에 어떻게 접근해야 할까. 장애물 극복을 위한 문제 해결 테크닉의 5단계를 알아보자.

1단계, 문제를 설명하기.
문제를 글로 직접 적어보거나 그림으로 그려 보자. 문제를 추상적으로 접근하기보다는, 이를 구체적으로 '적어보거나', 그림으로 구조화하여 문제를 제대로 '이해하는 것'이 중요하다. 특히 종이에 정리하여 바라보면, 문제에 더욱 객관적으로 접근할 수 있다.

2단계, 문제를 구체화하기.
문제를 바라보며 질문해 보자. 무엇을? 언제? 얼마나 자주? 어디서? 누가? 왜? 문제를 더 명확하게 정리하면, 실현 가능한 해결책을 찾기가 쉬워진다.

3단계, 다양한 출처의 정보를 활용하기.

문제 해결을 위한 아이디어를 얻기 위해, 서로 다른 여러 개의 정보 출처를 활용해야 한다. 다양한 지식과 정보를 활용하여 비슷한 문제를 극복한 사례나 아이디어, 도움을 받을 수 있는 전문가나 기관, 제도 등을 찾아보는 것도 좋다.

4단계, 브레인스토밍하기.
어려움이 닥쳤을 때, 혼자서 해결하려 하기보다는 다양한 사람들의 관점을 종합해 보는 것이 좋다. 직원, 가족, 친구 등 다양한 사람의 의견을 종합하여 아이디어를 구상해 보자.

5단계, 구체적인 계획을 구상하기.
지금까지의 아이디어를 종합하여 문제를 해결하기 위해 실천해야 할 사항을 적어보자.

목표를 세우고 실행하면서 단 하나의 장애물도 만나지 않는다는 것은 그 어떤 새로운 도전도 해 보지 않았다는 이야기나 다름없다. 목표 수행 과정에서 장애물을 만나는 일은 필수적이라는 뜻이다. 결국, 장애물이 있다는 사실 자체가 중요한 것이 아니라, 장애물을 어떻게 극복할 수 있을지가 훨씬 더 중요하다.
항상 미래를 예측하며, 문제가 생기기 전에, 미리 이에 대해 생각하고 대비해야 한다. 남들이 하는 방법만을 따라 하는 것이 아닌, 장애물을 극복할 수 있는 능동적이고 창의적인 방법을 찾아야 한다. 어떤 문제를 마주해도 절대 포기하지 않고 다양하고 새로운 방법을 끊임없이 시도해 보자. 문제를 해결하는 과정에서 발생하는 실수는 겸허히 받아들이고 그것을 통해 더 많은 것을 배울 수 있어야 한다.

마지막으로 가장 중요한 것은, 한 번의 장애물 극복은 그 한 번의 경험으로 끝나는 것이 아니라, 장기적인 해결책으로 발전시킬 수 있어야 한다는 것이다.

"목표를 세우고 실행하면서

단 하나의 장애물도 만나지 않는다는 것은

새로운 도전을 해 보지 않았다는

이야기나 다름없다.

목표 수행 과정에서 장애물을 만나는 일은

필수적이라는 뜻이다."

다양한 목표설정기법 살펴보기

SMART-PI 목표설정기법 외에도 목표 설정을 돕는 다양한 기법이 존재한다. 이러한 기법은 목표를 설정하고, 추적하며, 수정 및 평가를 위해 필요한 기능을 제공하고, 목표달성을 위한 작업 순서나 일정을 관리할 수 있도록 도와준다.

이런 유용함을 바탕으로 조직의 프로젝트 관리, 개인의 목표달성, 팀 협업 등의 분야에서 사용되고 있으며, 특히 여러 사람이 하나의 목표를 공유해야 한다면 목표설정기법을 적용하여 공유했을 때 더 큰 효과를 얻을 수 있다.

SMART-PI 목표설정기법의 적용 사례를 살펴보기 전에 먼저 널리 쓰이고 있는 다양한 목표설정기법을 알아보고자 한다. 각각의 기법의 공통점과 차이점을 이해하고 있다면 상황과 쓰임에 맞는 기법을 선택해서 활용할 수 있을 것이다.

다양한 목표설정기법 중에서 가장 널리 쓰이고 있는 대표적인 기법으로 만다라트와 OKR 그리고 브라이언 트레이시의

9단계 목표설정기법을 소개하고 싶다.

만다라트(mandal-art) 기법

만다라트 기법의 원형은 1979년 클로버 경영연구소의 대표 마츠무라 야스오가 개발한 '만다라 차트'에서 비롯되었다. 불교에서는 사각형 또는 원형의 흙으로 만든 단壇에 불상과 보살상을 올려 두고 수행 의식을 행하는데, 이 단이 연꽃 모양과 같다 하여 연꽃을 의미하는 '만다라'라고 부른다. 마츠무라 야쓰오는 이 단의 모양을 바탕으로 만다라 차트를 개발했다.

만다라 차트는 가로세로 3칸의 9분할 프레임을 사용하여 가운데 칸에 목표나 주제를 넣고, 목표를 이루기 위한 세부 요소를 주변 여덟 칸에 적어 넣는 방식이다. 이를 통해 목표나 과제를 시각적으로 표현하여 문제 해결에 도움을 주고자 하였다.

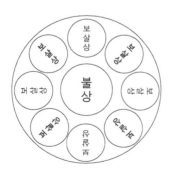

불교의 만다라를
하늘에서 내려 본 모양

세부 목표	세부 목표	세부 목표
세부 목표	**핵심 목표**	세부 목표
세부 목표	세부 목표	세부 목표

마츠무라 야쓰오가 개발한
만다라 차트

이후 1987년 일본의 디자이너인 이마이즈미 히로야키가 만다라 차트의 9분할 프레임을 확장하여 만다라트mandal-art라는 이름의 목표설정기법을 소개하였다. 만다라트는 본질의 깨달음을 의미하는 Manda와 달성·성취를 의미하는 La 그리고 기술을 의미하는 Art의 합성어이다.

	세부목표			세부목표			세부목표	
			세부목표	세부목표	세부목표			
	세부목표		세부목표	핵심목표	세부목표		세부목표	
			세부목표	세부목표	세부목표			
	세부목표			세부목표			세부목표	

이마이즈미 히로야키의 만다라트

만다라트와 만다라 차트는 목표 설정의 틀과 기술 방식이 거의 흡사하다. 마츠무라 야스오의 만다라 차트가 가로세로 3칸의 9분할 프레임이라면, 이마이즈미 히로야키의 만다라트는 9분할 프레임을 9개로 확장시켜 총 81칸을 채워나가는 형태라는 점만 상이하다.

매달 시험보기	하루백개 단어암기	오답노트 만들기	출석 잘하기	라제 관리	재수강 과목 확인	공모전 일정 확인	동아리 가입	팀원 모집
인강 듣기	토익 점수	주회 모의고사	계절학기 등록	학교 생활	졸업요건 체크	우수사례 분석	공모전 수상	수상 목표 세우기
문법공부	공강 때 LC청취	기출 문제	특강 신청	선배와의 만남	좋은 교우관계	템플릿 만들어두기	관련 정보 파악	교수님께 조언구하기
채용공고 분석	관심기업 인재상	자소서 사례수집	토익 점수	학교 생활	공모전 수상	말할 때 표정 연습	발음 정확하게	1분 스피치 연습
이력서 작성	취업서류 준비	자소서 작성	취업서류 준비	취업 뽀개기	호감형 인간	먼저 인사하기	호감형 인간	비즈니스 매너
키워드 뽑아보기	인적성 준비	자소서 첨삭받기	면접 준비	건강 관리	멘탈 관리	헤어관리 깔끔하게	이미지 컨설팅	비즈니스 정장 구매
면접 스터디	시사상식 공부	자기소개 연습	아침형 인간 되기	매일 물 2 리터	자전거로 등교하기	감사일기 쓰기	나를 칭찬하기	화날 때 심호흡
표정 관리	면접 준비	스피치 훈련	술 줄이기	건강 관리	영양제 먹기	좋은 노래 듣기	멘탈 관리	주회 문화생활
취업캠프 참석	모의 면접	PT면접 연습	담배 끊기	매일 푸쉬업30	삼시세끼 챙기기	자기 전 명상	탓하지 말기	일희일비 금지

만다라트 작성 예시

만다라트를 활용하여 목표를 설정하는 방식은 간단하다. 3x3 매트릭스 중앙에 핵심 목표를 설정하고, 이와 관련된 해결법, 아이디어, 필요사항 등을 주제어 주변에 자유롭게 연상하여 기술하는 방식이다. 하나의 아이디어가 점진적으로 확산해 나가며 생각을 더욱 쉽게 정리할 수 있고, 한눈에 전체 맵을 확인할 수 있어, 누구나 쉽게 아이디어를 확산시키거나 목표를 관리할 수 있게 도와준다.

자유로운 사고 확장을 통해 아이디어를 도출한다는 점에서 기존의 마인드맵 기법과 큰 차이는 없다. 하지만 만다라트는 9개의 매트릭스를 채워야 한다는 인위적인 미션을 제공하기 때문에, 일정한 강제 사항을 제공함으로서 결과적으로 아이디어를 극대화할 수 있는 면이 있다. 연구 결과, 만다라트는 그 방법 자체의 편리함과 아이디어 양의 증가, 의견의 공유와 조합 등의 측면에서 효과가 있었다고 한다.

만다라트는 개인의 목표를 위해 사용되기도 하지만, 공동의 목표를 위해 조직된 팀 안에서 협동적으로 아이디어를 도출하는 데에도 매우 유용한 회의기법으로 알려져 있다. 참여하는 인원이 많아질수록 다양한 아이디어를 창출할 수 있다. 이 아이디어들은 하나의 테이블에서 시각화되기 때문에 누구나 전체 내용을 쉽게 파악하고 추가적인 아이디어를 만들어 낼 수 있다.

만다라트 기법을 활용하여 목표를 세웠을 때의 장점을 정리해 보면, 크게 세 가지가 있다. 첫째, 목표와 세부 계획을 한눈에 확인할 수 있다. 한 장의 종이에 가로세로 아홉 칸씩 총 81개의 네모 칸이 있고, 그 안에 수많은 아이디어를 채워 놓았기 때문에, 한 번에 전체 내용을 살펴볼 수 있다. 둘째, 논리적인 사고 발상이 가능하다. 만다라트는 핵심 키워드를 정하고, 핵심 키워드의 하위영역으로 가지치기를 하듯 사고를 발상해 나가기 때문에, 자연스럽게 논리적인 사고를 하게 된다. 셋째, 빈칸을 메우는 과정 자체에서 성취감을 느낄 수 있다. 인간은 빈칸을 끝까지 채우고 싶어하는 심리가 있다. 비어있는 칸을 하나하나 채워 나가면서 그 과정 자체에 대해 만족감을 느낄 수 있다.

만다라트의 가장 큰 특징은 하나의 키워드로부터 수많은 생각의 확산을 이루어낸다는 점이다. 하나의 목표를 위해서 자신이 해야 할 일과 성장의 아이디어를 최대한으로 확장하고 싶다면, 만다라트가 도움이 될 것이다.

OKR(Objectives and Key Results)

OKR은 Objectives and Key Results의 약자로, 목표objectives와 핵심 결과key results를 의미한다. OKR은 측

정 가능한 목표를 설정하고 추적하는 데 도움이 되는 목표설정기법이다. 이는 회사, 팀 또는 개인이 목표를 설정하고 그 목표를 달성하기 위한 핵심 결과를 정의하여 성과를 추적하고 평가하는 데 사용된다.

OKR은 인텔Intel의 공동창업자인 앤디 그로브Andy Grove가 개발한 것으로 알려져 있다. 그로브는 기업의 경영 철학과 성과 관리 방법을 혁신하는 데 주요한 역할을 했다. 그는 OKR을 인텔 내에서 처음 도입하고 성공적으로 적용함으로써 이를 널리 알렸다. OKR은 그로브의 경영 철학과 노력을 토대로 발전하게 된 성과 관리 기법이라고 할 수 있다.

OKR은 크게 두 가지 요소로 구성된다. 바로 목표와 핵심 결과이다. 먼저 목표는 간결하고 영감을 주는 짧은 문구로서, 어떤 결과를 달성하고자 하는지를 나타낸다. 어떤 목표를 이루고 싶은지를 작성하되, 조금 추상적이어도 상관없다. 예를 들면, "매력적인 사람이 된다."라는 식의 구체적이지 않은 목표도 가능하다. 목표를 정했다면, 이제 1개의 목표 당 3~5개의 핵심 결과를 묶으면 한 개의 OKR이 만들어진다.

핵심 결과는 목표를 달성하기 위한 구체적인 측정 항목이며, 성과를 추적하고 평가하는 데 사용된다. 보다 정량적이고 구체적인 목표를 설정하며, 목표달성에 도달하는 정도를 판단할 수 있도록 한다. 핵심 결과를 작성할 때는 구체적이고 측정

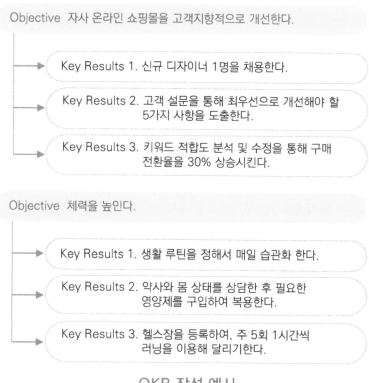

Objective 자사 온라인 쇼핑몰을 고객지향적으로 개선한다.

Key Results 1. 신규 디자이너 1명을 채용한다.

Key Results 2. 고객 설문을 통해 최우선으로 개선해야 할 5가지 사항을 도출한다.

Key Results 3. 키워드 적합도 분석 및 수정을 통해 구매 전환율을 30% 상승시킨다.

Objective 체력을 높인다.

Key Results 1. 생활 루틴을 정해서 매일 습관화 한다.

Key Results 2. 약사와 몸 상태를 상담한 후 필요한 영양제를 구입하여 복용한다.

Key Results 3. 헬스장을 등록하여, 주 5회 1시간씩 러닝을 이용해 달리기한다.

OKR 작성 예시

가능해야 하는데 예를 들면, 매력적인 사람이 되기 위한 핵심 결과로 "하루 한 시간씩 조깅을 하여 체중을 70kg으로 유지한다."라는 식으로 해야 할 일과 그 결과 값이 명확해야 한다.

 OKR의 특징과 장점은 다음과 같다. 첫째, 명확한 방향성이 제시된다. OKR은 목표와 핵심 결과를 명확하게 정의하여 조직이나 개인이 무엇에 집중해야 하는지를 알려준다. 둘째, 우선순위를 설정할 수 있다. 목표와 핵심 결과를 설정함으로써 중요한 작업에 집중하고 우선순위를 설정할 수 있다. 셋째, 성과 추적과 평가가 가능하다. 목표달성을 정량적으로 추적하고 평가할 수 있어 성과에 대한 투명성을 제공한다. 넷째, 유연성과 적응성이 있다. OKR은 주기적으로 업데이트되며, 환경의 변화나 새로운 상황에 빠르게 적용할 수 있다.

이런 장점으로 인해 OKR은 대기업뿐 아니라 스타트업, 공공기관, 비영리 단체, 개인 등 다양한 곳에서 사용되며, 목표달성과 성과 관리를 효과적으로 수행하기 위한 도구로 평가되고 있다.

그렇다면 OKR을 적용해서 높은 성과를 보인 사례는 무엇이 있을까? 대표적으로 구글Google을 예로 들 수 있다. 구글은 OKR을 통해 가장 크게 성장하고 혁신한 기업 중 하나로 꼽힌다. OKR을 통해 구글은 목표를 높게 설정하고 팀 간 협업을 촉진하며, 제품 개발과 비즈니스 전략을 성공적으로 이끌어냈다. 실리콘밸리에서는 OKR을 '구글이 받은 최고의 선물'이라고 말하기도 했다.

구글의 OKR을 통한 성공 사례가 알려지면서, 이후 트위터, 드롭박스, 에어비앤비, 우버 등이 이 방식을 조직 목표관리에 사용하고 있다. 반면 개인이 OKR을 활용할 때는 주로 개인 목표 설정, 업무 관리, 자기계발 등을 위해 사용되고 있다.

OKR을 적용할 때는, 아래 7단계의 프로세스를 따르면 된다.

첫째, 목표를 설정한다. 개인 또는 팀이 이루고자 하는 큰 목표를 설정한다. 이 목표는 전 인생에 걸친 목표가 아닌 특정 기간 동안 달성하고자 하는 것으로 설정해야 한다.

둘째, 핵심 결과를 작성한다. 주요 목표를 달성하기 위한 구체적인 성과 지표인 핵심 결과를 정의한다. 핵심 결과는 3~5개 정도로 작성하되, 너무 적거나 너무 많아서도 안 된다. 핵심 결과는 목표를 어떻게 달성할 것인지를 분명하게 보여줘야하며, 정량적이고 측정 가능한 지표여야 한다.

셋째, 정기적인 검토 및 업데이트가 이루어져야 한다. 주기적으로 OKR을 검토하고 업데이트한다. 보통 분기나 월 단위로 진행 상황을 확인하고 필요하다면 수정할 수 있어야 한다.

넷째, 우선순위를 설정한다. 핵심 결과를 달성하기 위해 무엇에 집중해야 하는지를 결정한다. 중요한 업무와 활동을 우선순위에 따라 정렬하여 목표에 집중한다.

다섯째, 측정 및 평가하기. 정기적으로 핵심 결과를 평가하고 목표달성 상황을 측정한다. 목표를 달성하고 있는지, 그리고 필요에 따라 삭제 또는 수정이 필요한지 확인한다.

여섯째, 학습과 개발. OKR을 활용하여 성과를 추적하면서 개인적인 성장과 발전을 위한 방향을 설정한다. 새로운 기술 습득, 역량 강화 등에 초점을 맞출 수 있다.

일곱째, 유연하게 적용하기. 상황이 변하거나 우선순위가 변경될 경우, OKR을 조정하여 새로운 상황에 유연하게 적용해야 한다.

OKR은 주변 환경에 맞추어 목표를 유연하게 조정한다는 점에서 불확실성으로 가득한 현대사회에 잘 맞는 목표관리 기법이라고 할 수 있다. 목표를 세우고 나아가되, 그 과정에서 수많은 변수가 예상된다면, OKR을 통해 유연하게 목표를 수정해 나갈 수 있다.

브라이언 트레이시의 9단계 목표설정기법

브라이언 트레이시Brian Tracy는 캐나다 출신의 동기부여 전문 강사이며, 세계적인 비즈니스 컨설턴트이다. 그의 강의는 주로 개인의 성공, 목표달성, 판매 전략, 리더십 및 시간 관리와 관련된 주제이며, 비즈니스와 일상 생활에서 성과를 높이는 방법을 간결하고 실용적으로 공유하고 있다.

트레이시는 다양한 자기계발서를 저술하였는데, 그중 《Maximum Achievement 잠들어있는 성공시스템을 깨워라》와 《판매의 심리학》 등이 많은 사람에게 알려졌다. 그의 저서는 비즈니스 및 개인 분야에서 성공을 추구하는 사람들에게 꾸준한 지침과 영감을 제공해왔다.

브라이언 트레이시의 9단계 목표설정기법 또한 그의 저서에서 소개하고 있는 기법으로 목표를 명확하고 효과적으로 설정하는 방법을 이야기하고 있다. 이 기법은 개인의 목표를 구체적으로 설정하고 달성하기 위한 방법을 제시한 것으로, 성취 가능한 목표를 설정하고 그것을 달성하기 위한 체계적인 계획을 세우는 데 도움을 준다.

브라이언 트레이시의 9단계 목표설정기법에 대한 간략한 설명은 다음과 같다.

1단계. 목표 정의하기. 명확하고 구체적인 목표를 정의한다. "더 많은 돈을 벌기"와 같이 모호한 목표보다는 "매월 1000달러 이상의 부수입을 창출하기"와 같이 구체적인 목표가 되어야 한다.

2단계. 마감일 설정하기. 목표를 달성하기 위한 기한을 정한다. 마감일은 목표를 더 현실적이고 긴장감 있게 만들어준다.

3단계. 목표 세분화하기. 큰 목표를 작은 단계로 나눈다. 이렇게 하면 목표를 달성하기가 더 용이해진다.

4단계. 목표 우선순위 정하기. 모든 목표가 똑같이 중요할 수는 없다. 어떤 목표가 먼저 달성되어야 하는지 판단하고 우선순위를 정한다.

5단계. 목표에 대한 계획 수립하기. 목표를 달성하기 위한 구체적인 계획을 세우고 실행 가능한 단계로 분해한다.

6단계. 목표를 글로 쓰기. 목표를 문장으로 작성하여 이를 시각화하고 명확히 이해할 수 있게 만든다.

7단계. 긍정적인 선언문 사용하기. 목표를 긍정적인 형태로 서술하여 자신의 능력과 자신감을 높이는 데 도움을 준다.

8단계. 매일 진행 상황 확인하기. 매일 목표를 달성하기 위한 작은 단계를 수행하고 진행 상황을 확인하여 목표에 점진적으로 가까워지는지 확인한다.

9단계. 목표달성을 축하하고 평가하기. 목표를 달성한 후 축하하고 성공과 실패의 원인을 돌아보며 배운 점을 평가한다.

브라이언 트레이시의 9단계 목표설정기법은 목표를 설정하고 이루어내는 과정을 체계적으로 안내하는 데 초점을 두고 있으며, 트레이시 자신의 경험과 실무에서 나온 지혜를 반영하고 있다. 목표설정기법 자체가 매우 쉽고 간단하게 되어 있어서, 별도로 기법을 이해할 필요가 없다. 단지 아홉 단계의 기법을 하나씩 따라가면 개인적인 또는 직업적인 목표를 더 체계적으로 설정하고 이루어낼 수 있다.

지금까지 다양한 목표관리 기법 중에서 만다라트와 OKR, 브라이언 트레이시의 9단계 목표설정기법을 살펴보았다. 여기까지 살펴보았을 때, 목표설정기법마다 공통으로 이야기하고 있는 것과 조금씩 다른 점을 느꼈을 것이다.

대부분의 목표설정기법에서는 구체적인 목표를 강조한다. 목표달성에 실패하는 가장 큰 이유가 불명확한 목표이기 때문이다. 그렇다면 반대로 차이점은 무엇이 있을까?

하나의 핵심 목표를 놓고, 해야 할 일과 다양한 아이디어를 확산시키고 싶다면 만다라트를, 변수가 많은 환경 속에서 유연하게 목표를 수정해야 한다면 OKR을, 자기 자신에게 목표를 달성해 나가는 동안 자신감과 지속 가능한 내면의 힘을 주고자 한다면 브라이언 트레이시의 9단계 목표설정기법을 추천하고 싶다.

목표설정기법은 그 외에도 다양한 방법이 만들어져 있다. 목표의 종류와 자신의 성향에 맞는 방법을 잘 채택하여 사용하는 것도 훌륭한 능력 중 하나라고 이야기하고 싶다.

"하나의 핵심 목표를 놓고,

해야 할 일과 다양한 아이디어를

확산시키고 싶다면 만다라트를,

변수가 많은 환경 속에서

유연하게 목표를 수정해야 한다면 OKR을,

목표를 달성해 나가는 동안

자기 자신에게 자신감과

지속 가능한 내면의 힘을 주고자 한다면

브라이언 트레이시의 9단계 목표설정기법을

추천하고 싶다."

목표설정 컨설팅
: 사례를 통해 살펴보기

SMART-PI 목표 적용 사례 살펴보기

'백문불여일견百聞不如一見'이라는 말이 있다. 백 번 듣는 것이 한번 보는 것보다 못하다는 뜻이다. 뭐든 설명만 듣는 것보다는 한 번 경험해 봐야 확실히 알 수 있다. 하지만 내가 직접 적용해보기 어려울 때는 어떻게 해야 할까? 그때 도움이 되는 것이 바로 사례연구Case study이다. 어떻게 하는 건지 이해가 되지 않을 때, 다른 사람이 하는 것을 한번 보면 단번에 이해가 되기도 한다. 그래서 운동을 할 때는 시범이, 이론을 공부할 때는 사례가 중요하다.

Part 3에 담겨 있는 사례는 이 책의 저자들이 직접 목표 설정 코칭을 하면서 만났던 사람들의 이야기이다. 개인적인 부분을 알 수 있는 이름과 상황은 부분적으로 각색되었다. 코치가 되어 사람들의 목표 설정을 돕다 보면, 생각보다 많은 사람이 목표를 설정하는 일에 어려움을 느낀다는 것을 알 수 있다.

대부분의 사람이 목표를 빨리 정하고, 그것을 달성하기 위해 무언가를 실행하려고 한다. 하지만, 목표를 설정하는 과정은 그 자체로 실행이고 하나의 프로젝트다. 목표는 머릿속에서 문득 떠오르는 아이디어로 설정되는 것이 아니다. 치열하게 정보를 획득하고, 실현 가능성을 검토하고, 단계 별 계획을 세우면서 성공에 가까워지는 것이다.

목표를 설정할 때는, 목표의 결과와 과정을 모두 기술해야 한다. 예를 들어, 운전을 할 때 네비게이션을 사용해서 목적지를 파악한다고 생각해보자. 도착해야 할 목적지의 주소를 검색하고, 위치를 파악하고, 걸리는 시간을 계산하고, 로드맵을 통해 주차장이나 주변 환경을 살펴본다. 이런 활동은 목표의 결과와 같다. 그렇다면 목표를 달성하기 위한 과정은 무엇일까? 몇 번 고속도로를 타고, 어느 분기점에서 갈아탄 후에, 어느 IC에서 빠져야 하는지, 그 세부적인 내용이 모두 과정이다. 안타깝게도 목표를 달성하는 과정을 실시간으로 알려주는 목표 네비게이션은 존재하지 않는다. 우리가 스스로 알아봐야 한다.

목표 설정 코칭을 하다 보면, 목표를 정하는 일이 뭐가 이렇게 복잡하냐는 불만이 나온다. 한 번도 이렇게 치밀하게 목표에 다가가 본 적이 없는 사람들이 그렇다. 목표를 달성하기 위해서는 구체적으로 그려야 한다고들 말한다. 그렇다면 과연 어느 정도까지 구체적이어야 하는가? 그 정도를 사례를 통해 준비했다.

"대부분의 사람이 목표를 빨리 정하고,

그것을 달성하기 위해

무언가를 실행하려고 한다.

하지만, 목표를 설정하는 과정은

그 자체로 실행이고 하나의 프로젝트다.

목표는 머릿속에서 문뜩 떠오르는

아이디어로 설정되는 것이 아니다.

치열하게 정보를 획득하고,

실현가능성을 검토하고,

단계 별 계획을 세우면서

성공에 가까워 지는 것이다.

엄마이자 사업가인 김 대표의 목표

생활용품 제조 기업을 운영하는 김 대표는 발 매트, 타올 등의 제품과 각종 아이디어를 결합한 생활 용품을 만들고 있다. 결혼 전의 김 대표는 회사에 다니는 직장인이었지만, 결혼한 뒤에는 아이를 키우며 육아를 하는 전업주부로 지냈다. 결혼 후 7년 간 전업주부로 지내며 자신감을 잃고, '다시 사회생활을 할 수 있을까?' 하는 걱정이 앞서기도 했다.

다시 일하고 싶은 마음에 여러 직장을 알아봤지만, 아이들의 등·하교와 병행할 수 있는 회사를 찾는 건 어려운 일이었다. 결국, 창업 전선에 뛰어든 김 대표는 자신만의 창의적인 아이디어로 다양한 제품을 만들었다. 전업주부로만 지내다가 오랜만에 다시 출근할 곳이 생기고, 나만의 일을 하기 시작하니, 하루하루가 기쁨의 연속이었다.

하지만, 육아와 병행하고 있다 보니, 사업에 쏟아부을 수 있는 시간, 돈, 체력이 모두 턱없이 부족했다. 당연하게도 성과는 더디고, 매출은 미미했다. 창업 첫 1년 동안의 목표는 '제품이 하나도 안 팔리는 날만 없게 하자'였다. 당시에는 그마저도 간절한 바람이었다.

이후, 김 대표는 사업을 발전시키기 위해 다양한 서적을 읽고, 강의를 들으며, 진정한 경영인으로 발돋움하기 위해 노력했다. 그 결과 서울에 여러 백화점에 제품을 입점시키는 등 오프라인에서 높은 매출 성장세를 보였다.

김 대표는 이에 만족하지 않고 운전을 할 때도 온라인 강의를 틀어 놓았고, 가방에는 늘 경영이나 창업 관련 서적을 들고 다녔다. 그 과정에서 김 대표는 사업을 발전시키기위해 가장 중요한 것이 목표 설정이라는 것을 알게 되었다.

목표 설정의 중요성에 대해 배운 뒤, 창업 초기 자신의 목표를 돌아보니, 자신의 목표가 너무 소극적이었다는 것을 깨달았다. 김 대표는 사업을 발전시키기 위한 목표를 설정하고, 이를 SMART-PI 목표설정기법에 대입해 보기로 했다. 김 대표가 설정한 목표는 다음과 같다.

"아이 어린이집 근처에 사무실을 얻고, 신제품 개발과 온라인 라이브 방송을 통해 작년보다 매출을 높인다."

김 대표의 목표에 SMART 기법을 적용하기

Specific. 구체적인가?

무엇을 통해 목표를 성취할 것인가? 구체적인 행동을 나열하기.

1. 아이 어린이집 반경 15분 거리 안에 있는 20평 규모의 상업용 부동산 매물을 온오프라인으로 찾아본다.
2. 사무실 내에서 라이브 촬영이 가능하도록, 내부 인테리어 상태를 확인한다.
3. 제품 이동을 위해 주차장과 엘리베이터 크기를 확인한다.
4. 라이브 프로모션을 기획한다.
5. 매주 1회 라이브 방송을 진행하여 쇼핑몰 유입수를 증가시킨다.
6. '1인 가구를 위한 생활용품'을 콘셉트로 잡고 신제품을 개발하여 세일즈 포인트를 확실히 한다.
7. 사무실에서 바로 제품을 발송할 수 있는 배송 시스템을 갖춘다.

Measurable. 측정 가능한가?

목표를 달성한 순간을 어떻게 알 수 있는가? 측정방법 제시하기.

1. 사무실 임대
   - 사무실의 위치가 어린이집에서 15분 거리 내에 있는가?
   - 크기가 20평대인가?
   - 별도의 인테리어가 없어도 라이브 방송이 가능한 환경인가?
2. 라이브 방송
   - 주 1회 꾸준히 진행하고 있는가?
   - 쇼핑몰 유입수가 매주 증가 추세인가?
3. 신제품 개발 및 매출
   - 구매 고객의 누적 사용자 평점이 5점 만점에 4.8점 이상인가?
   - 매출이 3배 이상 증가하였는가?

Ambitious. 야심 찬 목표인가?

달성하기 충분히 어려운 목표인가? 성공 확률은 어느 정도인가?

사무실이 생긴다는 것은 다양한 시도를 할 수 있는 가능성이 있다. 하지만, 임대료를 고정비용으로 2년간 지불해야 한다는 것은 초기 창업자에게 매우 부담스러운 일이 아닐 수 없다.

공간 확보 및 온라인 활성화를 위한 투자를 하면서 오프라인 매출을 현재의 3배로 증가시킨다는 것은 김 대표가 시도해 본 적이 없는 매우 야심 찬 목표라고 할 수 있다.

Realistic. 현실적인가?

목표를 달성하기 위해 필요한 현금자산, 물적 자산, 인맥, 시간 등을 나열해보자. 그 중 나에게 없는 것은 무엇이며 어떻게 획득할 것인가?

- 현금 자산 : 사무실 임대를 위한 보증금
- 물적 자산 : 사무실 근무환경 세팅을 위한 책상, 선반, 컴퓨터, 프린터 등의 각종 기기
- 능력 : 오프라인 판매를 위한 역량과 부동산 매물 선정을 위한 지식 그리고 온라인 방송을 직접 할 수 있는 진행 능력

김 대표는 결혼 전부터 부동산에 관한 공부를 해 왔기 때문에 부동산 매물 선정을 위한 지식을 어느 정도 갖추고 있다. 또한, 과거 쇼호스트 아카데미를 다녀본 적이 있기에 라이브 방송으로 제품을 소개하는 것이 어렵지 않다.

문제가 되는 것은 능력적인 부분보다는 현금 자산과 물적 자산이다. 김 대표는 현재 현금 자산이 없기 때문에 마이너스 통장 개설을 통해 보증금을 확보할 예정이다. 그리고 사무실 세팅을 위한 물적 자산은 최근 사무실을 폐업한 지인을 통해 최대한 저렴하게 구매함으로써 해결 가능할 것으로 보인다.

Time-bound. 기한 설정이 있는가?

목표의 마감시한은 언제까지인가? 그렇게 설정한 근거는 무엇인가?

- 부동산 매물을 알아보고 계약 및 세팅에 걸리는 시간은 변수 발생 가능성을 포함해 2~3개월 내외이다.
- 라이브 방송을 분석하고 환경 세팅 및 장비 사용법이 익숙해지기까지 2~3개월의 시간이 필요할 수 있다.
- 차별화된 신제품을 개발하기 위한 준비 기간과 실제 제품 생산 및 판매로 이어지기까지는 6개월 정도 예정하며, 유입수가 증가하여 매출에 영향을 미치는 시간을 6개월 정도 고려하였다.

따라서 총 목표 기간은 1년 6개월이다.

김 대표의 목표에 PI 요소를 적용하기

Self-starting. 능동적인 태도

1. 경쟁자들과 어떤 점에서 차별화 되는가?

생활용품에 대한 니즈는 가구의 인원에 따라 영향을 받는다. 현대사회에는 1인 가구가 증가함에 따라 필요로 하는 생활용품의 규모나 사이즈도 달라지고 있음에도 경쟁사의 제품을 살펴보면 4인 가족에 초점이 맞춰져 있는 경우가 많다. 김 대표의 생활용품은 1인 가구를 공략했다는 점에서 경쟁사와 차별화된 제품이라고 볼 수 있다.

2. 목표달성을 위해 필요한 정보는 어디에서 획득할 것인가?

사업가에게 가장 중요한 정보는 바로 고객 안에 있다. 오프라인 판매 시에 고객 인터뷰를 통해 필요로 하는 제품에 대해 질문함으로써 향후 신제품 개발에 필요한 정보를 획득할 수 있다. 또한, 주변에서 찾아볼 수 있는 1인 가구원에게 직접 묻고 토론함으로서 사용자가 만족할 수 있는 제품에 대한 아이디어를 얻을 수 있다.

라이브 방송을 처음 시도하고 있기 때문에, 온라인 영상 기획 및 촬영에 대한 노하우를 습득해야 한다. 또한, 주목 받을 수 있는 영상을 제작하기 위하여 통계자료나 각종 데이터 등을 활용하는 방법과 마케팅 및 카드뉴스 제작법, 디자인 관련 지식도 배울 수 있어야 한다.

Future thinking. 미래지향적 사고

1. 앞으로 예측되는 기술적/사회적/정책 변화 중에서 내 목표에 영향을 줄 수 있는 변화는 무엇이 있을까?

----

* 현대사회는 온라인 판매가 대세이지만, 생활용품은 오프라인 판매 비중이 작지 않다. 주요 구매층인 주부들이 직접 보고, 만져본 후에 구매하고 싶어하기 때문이다. 하지만 시대 변화와 세대교체로 생활용품 또한 온라인이 주요 판매 채널이 될 것이다.

* 사회적 변화로 1인 가구, 노인가구, 반려동물 동반 가구가 확대될 것이다. 이제 전통적인 4인 가구의 구성은 아주 적은 비중으로 축소될 것이다.

- 김 대표의 사업은 오프라인에서 매출 성장세를 보인다. 하지만 앞으로의 변화를 고려했을 때, 온라인 특성에 맞는 퀄리티 좋은 제품 사진, 제품 사용법을 쉽게 알 수 있는 영상, 생생한 후기, 온라인상의 잦은 브랜드 노출 등을 통해 고객에게 다가갈 수 있어야 한다.

- 사회적 변화에 대응하기 위하여 세분화된 가구 구성에 따른 맞춤 제품 개발이 필요하다. 기존 제품을 2차 가공하여 각 고객층에게 맞는 제품으로 변형할 수 있는 기술도 갖출 수 있어야 한다.

3. 미래 변화를 고려하여 나의 목표를 장기/중기/단기 목표로 세분화하여 각 시기에 맞추어 내가 해야 할 행동에 대한 계획을 세워보자.

- 단기 목표(1개월~6개월) : 최대한 빠르게 사무실을 임대하고, 라이브 방송을 위한 환경 세팅 및 장비 사용법을 공부한다. 또한, 고객 인터뷰를 통해 신제품 개발을 위한 정보를 획득한다.
- 중기 목표(6개월~1년) : 1인 가구를 위한 차별화된 신제품을 출시한다. 또한, 매주 1회 이상 라이브 방송을 꾸준히 진행하여 브랜드와 제품에 대한 인지도를 높인다.
- 장기 목표(1~2년) : 개발된 신제품을 통해 3배의 매출을 달성한다.

Overcoming barriers. 장애물 극복하기

1. 목표를 달성하는 과정에서 예상되는 장애물은 무엇인가?

김 대표의 목표는 사소한 일들이 많이 내포되어 있기 때문에, 혼자서 해내기에는 절대적인 시간적 어려움을 겪을 수 있다. 따라서 시간의 분배 및 역할분담이 제대로 되지 않는다면, 이 목표는 실패할 확률이 높아진다.

2. 예상되는 장애물을 아래 문제 해결 테크닉 5단계에 적용해보자.

1단계. 문제를 구체적으로 적어 보기.

김 대표는 육아와 사업을 병행하고 있다. 어린아이를 키우면서 사업을 진행하기에는 절대적인 시간이 매우 부족하다. 게다가 라이브 방송 하나만 보더라도 장비를 구입하고 사용법을 익히고, 다른 사람의 방송을 분석하고 그것을 실제로 진행하기까지 상당히 많은 시간이 소요될 수 있다.

2단계. 문제를 육하원칙에 따라 구체화하기.

What?   사업에 집중할 시간의 부족
Why?   일하다가 아이를 챙기러 가야 하기 때문에
When?   매일 아이의 등·하원 시간에
Where? 사무실에서 아이의 어린이집까지
Who?   관계된 사람은 김 대표, 아이 그리고 직원들

3단계. 문제 해결의 아이디어를 얻기 위해 다양한 출처(사례, 전문가의 조언, 제도 등)의 정보를 활용한다.

- 전문가의 조언 : 모든 것을 직접 하려 하지 마라. 경영자는 업무를 직접 하는 사람이 아니라, 업무를 시스템화하여 분배하는 사람이다

- 제도 : 아이의 등·하원을 도와주거나 돌봄서비스를 제공하는 기관이 있다. 정말 바쁠 때는 이런 서비스를 이용함으로써 어느 정도 해결이 가능하다.

4단계. 주변 사람들의 피드백을 구한다.

- 주변 창업자의 피드백 : 짧은 시간만 일할 수 있는 일자리를 찾는 사람들이 꽤 있으니 이를 잘 활용하고, 가족들의 도움도 절대적으로 필요하다.

파트타이머를 고용할 때의 문제점은 인력의 이동이 잦기 때문에 매번 일을 가르쳐 주는 데에 시간을 써야 한다는 것이다. 이런 부분을 해결하기 위하여 포장과 같은 단순 반복 업무의 경우 처음 오는 사람도 쉽게 업무를 진행할 수 있도록 매뉴얼을 잘 만들어 둘 필요가 있다.

또한, 다양한 돌봄 서비스 기관을 미리 알아둠으로써 정말 바쁜 시기에 잘 활용할 수 있도록 한다.

김 대표의 목표는 시간 관리가 가장 중요하기 때문에, 장비 활용법이나 디자인 등을 익히기 위해 너무 많은 시간을 쓰기보다는, 이미 지식을 알고 있는 사람의 도움을 받아 진행하면서 천천히 익혀 나가는 방식이 적절할 것이다.

"목표란,

개인이 의식적으로 달성하거나

성취하고자 하는 것을 말한다.

목표 설정을 통해,

개인의 삶에 동기를 부여하고,

행동의 지표를 제공하며,

지속적인 노력을 동원함으로써

계획했던 목적을 달성하게 한다.

이러한 과정을 통해

결과적으로

성과의 가장 직접적인

선행 조건이 된다."

무용 전공 대학생 진희의 목표

진희는 경기도 소재의 대학교에서 무용학과에 재학 중이다. 어머니의 손에 이끌려 어렸을 때부터 발레를 배웠고, 고등학교에 입학할 무렵 학원 선생님은 소질이 보인다며 무용학과 입시 준비를 해볼 것을 권유했다. 별다른 장래희망이 없던 진희는 큰 고민없이 무용학과 입시준비를 하기 시작했고, 고등학교 3년 동안 노력한 끝에 대학에 입학할 수 있었다.

1학년이 된 첫해는 정신없이 적응하기에 바빴다. 오리엔테이션과 MT, 중간고사와 기말고사를 거쳐 한 학기가 지났다. 방학 때도 학교 행사와 특강 프로그램 등에 참여하다 보니 시간은 빠르게 흘러갔고 어느새 2학년이 되어 있었다. 그 무렵부터 진희는 한 가지 고민에 빠지기 시작했다.

"내가 정말 재능이 있는 게 맞을까?"

지금까지 한 번도 무용수로서의 진로를 의심해 본 적이 없었다. 더 정확하게 이야기하면, 한 번도 진로 자체를 고민해 본 적이 없었다. 그냥 엄마의 의견과 학원 선생님의 의견을 따라 별 생각 없이 여기까지 흘러온 느낌이다. 내가 정말 무용수가 되고 싶은 건지, 내가 정말 무용을 잘 하는 것이 맞기는 한 건지 의심이 들기 시작했다.

고등학교 때는 학원에서 나름대로 무용을 잘 하는 편에 속했기 때문에 자신의 재능에 대해 의심해본 적이 없었지만, 대학에 와 보니 나와 비슷한 재능을 가진 아이들이 너무 많아 보였고, 더 뛰어난 실력으로 스스로에 대한 확신을 가진 아이들도 보였다. 게다가 대학에 오고 나서야 졸업을 하면 무엇을 할 수 있을지에 대한 고민이 들기 시작했다.

진희는 학교 상담센터를 찾아가 진로에 대한 고민을 진지하게 털어놓았다. 여러 가지 진로에 관한 검사를 받고 상담 선생님과 몇 주 동안 상담을 진행했다. 그 과정에서 진희는 자신이 정말 원하던 것은 무용수가 되는 것이 아니라 메이크업 아티스트였다는 생각이 들었다. 진희는 발레를 할 때도 무대 분장하는 것을 유독 좋아했고, 평소 메이크업 솜씨가 좋아 친구들의 화장을 대신 해주기도 했었다.

이 같은 상담 결과를 바탕으로 진희는 어머니와 상의를 했다. 어머니는 진희의 의견을 존중하지만, 다른 학교로 편입을 하더라도 대학은 졸업하길 원한다고 말씀하셨다. 이에 진희는 앞으로의 목표를 정했다.

"메이크업 아티스트가 되기 위해, 무용학과는 2학년까지만 수료하고 메이크업 관련 학과로 편입하겠다."

하지만 목표를 이루기 위해 어떻게 해야 할지는 막막하기만 했다. 그래서 진희는 자신의 목표에 SMART-PI를 적용해보았다.

진희의 목표에 SMART 기법을 적용하기

Specific. 구체적인가?

무엇을 통해 목표를 성취할 것인가? 구체적인 행동을 나열하기.

1. 현재 다니는 대학의 무용학과를 2학년까지 수료한다.

2. 학교에 다니는 동안 메이크업 관련 학과 리스트를 검색한다.

3. 각 학교의 편입 관련 규정과 시험 방식을 알아본다.

4. 편입 시험에 도움을 받을 수 있는 학원을 검색하여 등록한다.

5. 편입 시험 일정을 수시로 체크하여 원서를 접수하고 시험을 치른다.

Measurable. 측정 가능한가?

목표를 달성한 순간을 어떻게 알 수 있는가? 측정방법 제시하기.

원하는 대학의 메이크업 관련 학과에 합격한다.

Ambitious. 야심 찬 목표인가?

달성하기 충분히 어려운 목표인가? 성공 확률은 어느 정도인가?

진희는 지금까지 무용 외에 다른 분야에 도전해 본 적이 없다. 처음으로 본인의 힘으로 시도하는 일이기 때문에 어렵게 느껴질 수 있다.

편입 시험은 한번 불합격하게 되면 반년 이상을 기다려야 하는 등 어려움이 많은 절차를 거쳐야 한다. 게다가 메이크업 분야는 특성화고에서 전공한 학생들도 많고, 관련 경력을 가진 사람들도 학위 취득을 위해 도전하는 학과이기에 경쟁률이 높은 편이다.

Realistic. 현실적인가?

목표를 달성하기 위해 필요한 현금자산, 물적 자산, 인맥, 시간 등을 나열해보자. 그 중 나에게 없는 것은 무엇이며 어떻게 획득할 것인가?

- 능력 : 편입 실기시험을 통과할 수 있는 전문 메이크업 실력
- 인맥 : 메이크업 관련 입시 정보를 알 수 있는 관련 업계 사람
- 현금 자산 : 편입 학원 등록을 위한 학원비, 입시 원서접수비 등
- 물적 자산 : 메이크업 시험에서 필요로 하는 장비와 도구

진희는 아직 학생이기 때문에 현금이 없다. 학원비와 원서접수비 등의 현금 자산은 어머니께서 지원해주기로 했고, 학원에 등록하면 메이크업 관련 인맥과 실기시험을 통과할 능력은 충분히 확보할

수 있을 것으로 예상된다.

　물적 자산인 메이크업 도구는 매우 필수적인 부분이다. 이 역시 어머니의 도움을 받을 수밖에 없다. 하지만 전문 메이크업 도구는 중고 거래가 많이 이루어지기 때문에 새 제품보다는 저렴하게 구입이 가능할 것으로 예상된다.

Time-bound. 기한 설정이 있는가?
목표의 마감시한은 언제까지인가? 그렇게 설정한 근거는 무엇인가?

- 편입 일정은 해당 학교에서 정하는 것으로, 대부분의 학교의 입시 일정은 비슷하다. 연말~내년 연초쯤 실기시험이 진행될 예정이므로, 진희는 2학년에 재학중인 1년 동안 이 목표에 매진하기로 하였다.

　따라서 이 목표의 총 기간을 1년으로 정한다.

진희의 목표에 PI 요소를 적용하기

Self-starting. 능동적인 태도

1. 경쟁자들과 어떤 점에서 차별화 되는가?

진희는 경쟁자들과는 달리 공연예술 분야에 있었다. 이 같은 특성은 실기시험에서는 약점으로 작용할 수 있지만, 구술시험에서는 다채로운 경험을 바탕으로 자신의 장점을 어필할 수 있다.

2. 목표달성을 위해 필요한 정보는 어디에서 획득할 것인가?

진희 주변에는 입시 정보를 얻을 수 있는 사람이 많지 않다. 따라서 인터넷 카페에서 동종 업계 수험생들에 대한 정보를 획득하거나, 편입학원에서 강사 또는 수강생들에게 정보를 획득해야 한다.

3. 목표를 이루기 위해 새로 배워야 할 것은 무엇인가?

편입 시험 절차 숙지하기, 실기시험을 위한 메이크업 기술 획득하기, 편입 이후에 학교생활에 대한 정보 획득하기.

Future thinking. 미래지향적 사고

1. 앞으로 예측되는 기술적/사회적/정책 변화 중에서 내 목표에 영향을 줄 수 있는 변화는 무엇이 있을까?

- 메이크업 산업은 많은 이들의 관심을 받는 만큼, 진출자가 늘어날 것으로 예상된다. 따라서 앞으로는 더욱 경쟁이 치열해질 것이다.
- 전 세계적으로 K-뷰티에 대한 관심이 상승하고 있고, 뷰티 콘텐츠에 대한 소비도 가속화되고 있다.

2. 미래 변화를 고려했을 때, 지금부터 준비해야 할 일은 무엇인가?

- 치열한 경쟁 속에서도 살아남는 사람들은 자신만의 고유한 기술이 있거나 스스로를 브랜드화 한 사람들이었다. 따라서, 메이크업 실력뿐 아니라 해당 분야 내에서의 퍼스널 브랜딩을 준비해야 할 것이다. 장기적으로 나만의 브랜드를 런칭하는 것도 고려하면 좋을 것이다.
- 유튜브를 이용한 뷰티 콘텐츠 제작도 도움이 될 수 있다. 시청자들과의 소통 속에서 트렌드를 읽을 수 있다.

3. 미래 변화를 고려하여 나의 목표를 장기/중기/단기 목표로 세분화하여 각 시기에 맞추어 내가 해야 할 행동에 대한 계획을 세워보자.

- 단기 목표(1개월~6개월) : 편입 관련 절차를 숙지하고, 학원을 알아봐서 등록 후 실기시험에 필요한 물품을 구비한다.
- 중기 목표(6개월~1년) : 편입 원서접수 일정을 수시로 체크하고 실기시험에 필요한 기술을 익힌다.
- 장기 목표(1~2년) : 시험일까지 컨디션을 잘 체크하여 실기시험 및 기타 시험을 치르고, 학교 생활 및 향후 진로에 대해 찾아본다. 입학 후에는 구체적인 졸업 후 진로를 계획하며, 뷰티 콘텐츠 및 포트폴리오 제작을 시작한다.

Overcoming barriers. 장애물 극복하기

1. 목표를 달성하는 과정에서 예상되는 장애물은 무엇인가?

진희는 학교생활과 편입 입시 준비를 병행해야 하기 때문에, 시간 관리와 체력 관리가 중요할 것으로 예상된다.

2. 예상되는 장애물을 아래 문제 해결 테크닉 5단계에 적용해보자.

1단계. 문제를 구체적으로 적어 보기.

진희가 재학 중인 무용학과는 각종 특강이나 학교 행사가 많기 때문에 일정이 바쁜 편이다. 그런 상황에서 학교생활과 편입 시험 준비를 병행하기 위해서는 시간 관리와 체력관리에 주의를 요하며, 이 부분에 실패했을 때 목표를 달성하기 어려울 것으로 예상된다.

Who?   진희 혼자서

When?   편입 시험을 준비하는 1년 동안

What?   학교 생활과 편입 준비를 병행할 시간과 체력이 부족함

Why?   무용학과는 시간과 체력의 소모가 크기 때문에

Where?   학교는 경기도, 학원은 대부분 서울에 위치

3단계. 문제 해결의 아이디어를 얻기 위해 다양한 출처(사례. 전문가의 조언, 제도 등)의 정보를 활용한다.

- 학교생활을 병행하면서 편입 준비를 하다가 시간 관리 실패로 불합격한 사례를 찾아본 결과, 2학년 수료를 마친 후 마음 편히 편입 준비만 몰두하여 다음 학기 후기 편입에 합격한 사례가 있음.
- 편입전문가의 조언은 얻은 결과, 어차피 편입하면 전공 위주로 수업을 들어야 하니, 편입을 준비할 때는 교양 수업 위주로 들되 시간표를 하루에 몰아서 작성하는 등 학원 수업에 지장이 없도록 하는 것이 좋다고 말함.

4단계. 주변 사람들의 피드백을 구한다.

- 상담 선생님의 의견 : 학과 교수님께 사실 그대로 말씀드린 후 최대한 학과 행사나 특강에는 참석하지 않는 것이 좋을 것 같다.
- 엄마의 의견 : 학원을 학교와 가까운 곳으로 등록할 수 있도록 알아보거나, 수업이 없는 날만 학원에 다니는 것도 좋겠다.

5단계. 문제 해결을 위한 실천사항을 적어본다.

학교생활로 인하여 시간이 현저히 부족할 것으로 예상하기 때문에, 학교에 사실 그대로 말씀드리고 학교 행사에서 제외될 수 있도록 최대한 양해를 구하는 것이 좋다. 이 과정에서 학교 상담 선생님이나 어머니의 도움을 받는 것도 나쁘지 않다. 또한, 학원을 먼저 등록한 뒤 학원 수업 시간에 지장이 없는 선에서 학교 시간표를 작성하는 것도 좋다.

"문제점에 대한 최선의 해결책은

이를 '예방'하는 것이다.

능동성과 미래지향적 사고를 발휘하여

본인의 목표에 발생할 수 있는 문제를

미리 식별하고

이에 대한 대비책을 생각해야 한다."

디자인 문구 창업가 최 씨의 목표

직장인 최 씨는 서울에서 사무직으로 근무하고 있다. 최 씨는 평소 취미로 그림을 그리는 것을 좋아하며, 일러스트레이션과 디자인 문구에 관심이 많았다. 매년 코엑스에서 개최하는 일러스트 페어에 참가하여 스티커, 마스킹 테이프, 엽서, 카드 등 일명 '다꾸(다이어리 꾸미기의 약어)'에 필요한 디자인 제품을 구입했다. 귀여운 디자인을 보면 그냥 지나칠 수 없는 최 씨는 SNS에서 다꾸를 하는 인플루언서들을 팔로우하며 시간을 보내곤 했다.

최 씨는 다양한 제품을 구경하며 때때로 '내가 직접 이런 제품을 만들어보면 어떨까?' 하는 생각이 들었다. 특히 필요한 제품을 찾지 못할 때 더 자주 이런 생각을 했다. 이에, 자신의 그림 실력을 향상시키기 위해 일러스트를 배울 수 있는 아카데미에 등록하게 되었다.

일러스트를 배우면서 최 씨는 자신이 그린 작품을 SNS에 조금씩 올려 보기 시작했다. 그러자 의외로 많은 사람이 그의 작품에 관심을 보이며 어디서 구할 수 있는지 물어왔다. 최 씨는 뿌듯함을 느꼈다. '내가 만든 제품이 많은 사람에게 필요로 한 거였구나!'라는 생각이 들었다.

그 즈음 최 씨에게 위기가 찾아왔다. 최 씨의 직장이 부도 위기에 처하면서 일자리를 잃게 되었다. 이제 어떻게 해야 할지 막막하고 불안한 상황에 처한 최 씨는 미래를 위해 새로운 길을 모색해야 했다.

최 씨는 구직 활동을 시작했다. 하지만 원하는 회사의 문턱은 높고, 다른 회사들은 이전 직장보다 연봉을 낮춰야 했다. 이직할 곳이 정해지지 않은 상황에서도, 그는 꾸준히 디자인을 연습하며 발전시켰고, 그 결과, 디자인 실력은 날로 성장하여, 소량으로 제작한 제품을 올릴 때마다 반응이 좋아지며 팔로워의 수도 늘어났다.

최 씨는 큰 결심을 했다. 앞으로는 직장 생활이 아닌, 사업을 시작하기로 마음먹은 것이다. 그러나 사업을 시작하기 위해선 새로운 어려움이 존재했다. 취미로 만든 제품의 가격을 어떻게 책정해야 할지, 판매를 위해 필요한 자격 요건은 무엇인지 알 수 없었고, 창업을 위해 새로 배워야 할 것도 많았다. 회사에서 월급을 받을 때와는 달리 이제는 자신이 월급을 줘야 한다는 사실이 막연하게 느껴졌다. 물건을 판다는 것이 쉬운 일이 아님을 다시 한번 깨달았다.

하지만 최 씨는 창업에 대한 결심을 굳게 지키고, 창업을 시작하기로 마음먹었다. 그는 사업을 통해 경험을 쌓고, 실수를 통해 성장하고자 하는 강한 의지를 가지고 있었다. 미래가 불확실함에도 불구하고, 자신의 열정과 능력을 신뢰하며 성공을 향해 나아가고자 했다. 이제 최 씨는 새로운 도전을 향해 첫발을 내딛으며, 자신만의 사업을 시작하는 여정에 돌입할 준비를 마쳤다. 최 씨는 아래와 같이 목표를 설정했다.

"내 제품을 많은 이들에게 사랑받는 브랜드로 성장시키겠다."

최 씨는 자신의 목표를 실현시키기 위해 SMART -PI 목표의 행동지침에 부합하는지 살펴보기로 했다.

최 씨의 목표에 SMART 기법을 적용하기

Specific. 구체적인가?
무엇을 통해 목표를 성취할 것인가? 구체적인 행동을 나열하기.

1. 고객과 지속적으로 소통하기 위해 SNS에 게시글을 지속적으로 업로드 하여, 팔로워 수를 늘린다.
2. 연간 제품 판매량을 높여 매출을 증대시킨다.
3. 친환경 소재를 활용하여 환경에 대한 민감성을 가진 소비자에게 어필한다.
4. 신제품을 꾸준히 출시하여 고객의 관심을 유지한다.
   - 각 제품마다 스토리를 담아 친근함을 느끼게 한다.
   - 다양한 업체와 협업을 진행하여 브랜드 영역을 확장한다.
   - 판매 웹사이트를 개발하여 고객 경험을 향상시킨다.
   - 아이디어나 디자인에 사용자들의 의견을 적극적으로 반영하여 사용자 참여를 촉진한다.

Measurable. 측정 가능한가?

목표를 달성한 순간을 어떻게 알 수 있는가? 측정방법 제시하기.

---

1. SNS에 주 5회 게시글을 업로드하여 팔로워 수를 현재의 3배인 1만 명으로 확대한다.
2. 매월 2가지 이상의 신제품을 출시한다.
3. 연간 제품 판매량을 10만 개 이상 달성하여 매출을 3억 원으로 증가시킨다.
4. 친환경 제품에 대한 재구매율 70% 이상을 달성한다.

Ambitious. 야심 찬 목표인가?

달성하기 충분히 어려운 목표인가? 성공 확률은 어느 정도인가?

- 매달 혁신적인 제품을 선보이면서도 고객과 지속적인 소통을 이어간다는 것은 시간과 노력이 상당히 필요한 목표이다. 특히 최 씨는 초기 창업자이기 때문에 도움을 받을 수 있는 인력이 부족하므로, 매우 큰 끈기가 필요한 목표이다.

- 사실 직장을 다니면서 부업으로 진행하던 일을 전문 사업의 영역으로 넓히고, 높은 판매량과 매출을 올리겠다는 것은 쉽지 않은 일이다. 수많은 초기 창업자들이 창업 3년 이내에 폐업한다는 것을 고려하면 결코 쉽지 않은 목표라고 할 수 있다.

Realistic. 현실적인가?

목표를 달성하기 위해 필요한 현금자산. 물적 자산. 인맥. 시간 등을
나열해보자. 그 중 나에게 없는 것은 무엇이며 어떻게 획득할 것인가?

- 현금 자산 : 제품 생산을 위한 초기 자본이 필요하다. 현재 가지고 있는 저축이나 퇴직금 등을 활용하여 자본을 마련하거나 정부 지원 프로그램, 대출 등을 고려할 수 있다.
- 물적 자산 : 디자인 장비, 소품, 다양한 소재의 샘플 등
- 능력 : 디자인, 제조, 마케팅, 경영 등 다양한 능력이 필요하다. 필요한 기술과 지식을 학습하는데 집중할 필요가 있다.
- 인맥 : 디자이너, 제작 업체, 공급 업체, 고객 등 다양한 인맥이 필요하다. 다양한 이벤트나 네트워킹 행사에 참여하거나 온라인 커뮤니티를 활용하여 인맥을 넓힐 수 있다.
- 시간 : 제품 개발, 마케팅, 운영 등을 위해 충분한 시간이 필요하다. 효율적인 시간 관리와 우선순위설정을 통해 시간을 확보할 수 있다.

 최 씨의 목표는 현금 자산과 물적 자산 측면에서는 비교적 큰 비용이 필요하지 않다. 하지만, 신제품을 개발하는 데에 필요한 기술과 감각 등의 지식과 기술 자본이 상당히 많이 필요하며, 이러한 기술을 연마하기 위한 시간 활용과 업무를 도와줄 인맥을 구하는 일에 보다 집중할 필요가 있다.

Time-bound. 기한 설정이 있는가?

목표의 마감시한은 언제까지인가? 그렇게 설정한 근거는 무엇인가?

마감 시한은 아래의 요소를 고려하여 총 목표 기간을 1년 6개월로 산정하였으며, 따라서 목표의 마감일은 20XX년 12월 31일로 설정하였다.

- 제품 개발, 마케팅 전략 수립, 브랜딩 구축 및 판매 준비 등의 작업에 필요한 시간으로 대략 1년 정도의 기간을 산정하였다.
- 시장 분석 결과를 기반으로 경쟁사의 동향과 시장 변화를 예상하고, 목표 시기에 발생할 수 있는 변화 요소를 계산하여, 2~3개월 정도의 변동 가능성을 고려하였다.
- 개인적인 상황을 고려하였다. 가정, 건강, 지인 등과 관련하여 발생할 수 있는 이벤트를 고려하여 3개월 정도의 여유를 계산하였다.

최 씨의 목표에 PI 요소를 적용하기

Self-starting. 능동적인 태도

1. 경쟁자들과 어떤 점에서 차별화 되는가?

매월 두 개의 신제품을 개발하는 과정에서 고객과 끊임없는 소통을 통해 민첩하게 고객 의견을 담아낼 것이다. 대규모 경쟁사는 대량생산을 통해 저렴한 가격을 형성할 수 있다는 장점이 있지만, 소비자의 의견을 신속하게 반영하기는 어렵다.

최 씨의 경우, 제품 아이디어나 디자인에 사용자 의견을 반영하거나 다른 브랜드와의 콜라보레이션을 통해 제품마다 독특한 스토리를 담아내어, 소비자가 직접 참여하고 공감할 수 있는 제품으로 만드는 차별화 전략을 추구하고 있다.

2. 목표달성을 위해 필요한 정보는 어디에서 획득할 것인가?

소셜 미디어에서 소비자들의 반응과 피드백을 분석하여 제품에 대한 개선점을 도출할 수 있다. 또한, 최신 트렌드 분석을 통해 새로운 아이디어와 통찰력을 얻을 수 있다.

3. 목표를 이루기 위해 새로 배워야 할 것은 무엇인가?

디자인 기술과 제조 과정, 마케팅 전략, 브랜딩 전략, 고객 서비스 관리 등 다양한 분야를 배워야 한다. 예를 들면, 디자인 기술의 향상과 창의적인 제품 개발을 위해 일러스트레이션, 그래픽 디자인 등의 기술을 학습할 필요가 있다. 또한, 제품의 효과적인 마케팅을 위해 온라인 마케팅, 소셜 미디어 활용법, 고객 인사이트 분석 등을 새로 배워야 한다.

Future thinking. 미래지향적 사고

1. 앞으로 예측되는 기술적/사회적/정책 변화 중에서 내 목표에 영향을 줄 수 있는 변화는 무엇이 있을까?

- 기술적 변화로 인해 제품 개발 및 생산 프로세스가 변화될 수 있다. AI를 활용한 새로운 디자인 기술이 도입되거나, 인쇄기의 발전으로 생산 프로세스 자체가 변화할 수 있다. 또한, 전자기기 활용이 보편화 되면서 손으로 직접 쓰는 문구의 시장은 더욱 축소될 수밖에 없을 것이다.

- 사회적 변화 측면에서 환경문제를 중요하게 생각하는 새로운 세대가 주요 소비층으로 대두되면서 친환경 제품과 지속 가능한 브랜딩이 더 강력하게 요구될 수 있다.
- 정책변화에서도 환경 보호와 관련된 정책이 강화되어 제품 제작과 판매에 영향을 미칠 수 있다.

2. 미래 변화를 고려했을 때, 지금부터 준비해야 할 일은 무엇인가?

전자기기가 구현하기 어려운 가치를 제공하는 방법을 찾으면서도 디지털 기술을 디자인 문구 사업에 적용할 수 있도록 해야 한다. 디지털 플랫폼을 활용하여 브랜드를 경험할 수 있는 환경을 제공함으로써, 고객에게 특별한 경험을 제공할 수 있을 것이다.

3. 미래 변화를 고려하여 나의 목표를 장기/중기/단기 목표로 세분화하여 각 시기에 맞추어 내가 해야 할 행동에 대한 계획을 세워보자.

- 단기 목표(1개월~6개월) : 주 5회 이상 SNS 게시물 업로드를 지속하여 브랜드 인지도를 높이고, 온라인 마케팅 강화를 통해 웹사이트 방문자 수를 증가시켜 제품 판매를 촉진한다. 또한, 매월 2가지 이상의 신제품을 개발하여 다양한 제품 라인업을 구축하고, 친환경 제품 개발에 필요한 연구에 착수한 뒤, 협력 파트너를 찾기 위한 준비를 시작한다.

- 중기 목표(6개월~1년) : SNS 팔로워 수를 5천 명 이상 확보하고, 친환경 소재를 활용한 새로운 제품 라인업을 출시한다. 또한, 신제품 개발과 관련하여 콜라보레이션이 가능한 업체를 컨택한다.
- 장기 목표(1~2년) : SNS 팔로워 수를 1만 명 이상 확보하고, 연간 제품 판매량 10만 개 이상, 매출 3억 이상을 달성한다.

Overcoming barriers. 장애물 극복하기

1. 목표를 달성하는 과정에서 예상되는 장애물은 무엇인가?

사업 초기에는 제품 생산, 홍보, 판매까지 모든 부분을 혼자서 해야 할 수 있다. 이러한 업무 방식은 소상공인에게 어쩔 수 없는 선택이지만, 지나친 에너지 소진으로 인하여 중도에 포기하거나 예상보다 시간이 더 오래 걸릴 수 있다.

2. 예상되는 장애물을 아래 문제 해결 테크닉 5단계에 적용해보자.

1단계. 문제를 구체적으로 적어 보기.

최 씨는 현재 함께 일할 수 있는 동업자나 직원이 없다. 따라서 자잘한 일들을 혼자서 해내야 하기 때문에, 절대적인 시간이 부족할 수밖에 없다.

Who?   최 씨 혼자서 일해야 한다.

What?   할 일은 많은데 함께 할 사람은 없다.

Why?   직원을 고용할 돈이 없고, 동업자도 없기 때문에

When?   사업을 시작하고 수익이 발생할 때까지

Where?   최 씨의 집, 사무실, 인쇄소, 협력업체, 온라인 공간 등
　　　　　장소 이동이 많기 때문에, 이동에 소모되는 시간도 많다.

3단계. 문제 해결의 아이디어를 얻기 위해 다양한 출처(사례, 전문가의 조언, 제도 등)의 정보를 활용한다.

- 사례. 초기 사업자들의 사례를 살펴본 결과, 파트타임 근로자를 잘 활용하고 있었다.
- 제도. 경력단절여성 재취업 지원사업이나 고령자 취업 시에 받을 수 있는 임금 혜택을 이용하여 보다 낮은 비용으로 단순 반복 업무에 대한 인력을 지원받을 수 있다.

4단계. 주변 사람들의 피드백을 구한다.

- 주변인 A의 조언. 일의 우선순위를 설정하여 중요한 일과 시급한 일은 나누어 처리할 수 있어야 한다.
- 주변인 B의 조언. 혼자서 일하는 것보다는 비용을 지불해서라도 다른 사람들의 도움을 받아서 일하는 것이 좋다. 반드시 내가 해야 하는 일과 남에게 맡겨도 좋은 일을 잘 구분하자.

5단계. 문제 해결을 위한 실천사항을 적어본다.

혼자서 일을 처리하기 위해 너무 많은 시간과 에너지를 쓰기보다는 적절히 인력을 활용하는 방안을 마련해야 한다. 전문성이 높은 업무는 전문가에게 맡기거나 협업하는 방식으로 진행하고, 본인이 할 수 있는 수준에서 중요한 일은 직접 하되, 중요성이 낮은 일은 파트타이머나 고용지원사업 등을 활용하여 해결할 수 있다.

"원하는 것을 막연하게 생각하는 것과

구체적인 목표를 기술하는 것 사이에는

큰 차이가 있다.

목표를 설정하는 과정은

우리가 달성하고자 하는 것을

명확히 정의하게 하고,

목표를 향한 동기를 부여한다."

프리랜서 교육전문가 홍 강사의 목표

홍 강사는 프리랜서로 활동하고 있는 부모교육 전문가이다. 홍 강사는 주로 온라인 회의 시스템을 활용하여, 초등 자녀를 키우고 있는 부모를 대상으로 심리 분석과 커뮤니케이션 방법을 교육하고 있다. 이 일을 처음 시작할 때는 작은 규모로 모임을 가지며, 대화법을 연습하는 정도였지만, 회를 거듭할수록 참여자들의 열띤 호응에 힘입어 단기 특강과 장기 교육과정으로 발전하여 다양한 강의를 진행하게 되었다.

홍 강사는 교육 참여자들의 적극적인 모습과 변화과정을 지켜보며 뿌듯함을 느꼈다. 더 좋은 교육을 제공하고 싶은 마음에 상담심리대학원에 입학하고, 교재 제작 및 다양한 강의 프로그램을 만들었다. 교육이 종료될 때마다 참여했던 사람들의 입소문과 높은 교육 만족도를 바탕으로 꾸준히 재강의 요청이 들어왔다. 이에 홍 강사는 본격적으로 전문 교육 강사 활동을 시작해보고자, 자신만의 사무 공간도 마련하였다.

사무실을 갖춰놓고 다양한 프로그램을 정비하며 교육을 준비하는 동안, 더욱 활발한 강의 활동을 펼쳐 나가고자 하는 의지가 커졌다. 그런데 문제가 있었다. 사무 공간은 매월 임대료를 지불해야 하기 때문에, 당장의 교육 수요와 매출에 대한 압박감이 들기 시작했다. 앞으로는 정말 전문적인 영역으로 나아가야 한다는 생각이 들었다.

하지만, 강의 프로그램도 다양하고 교육 만족도가 높은데도 좀처럼 강의 수요는 폭발적으로 늘어나지 않았다. 이에 대한 해답을 얻기 위해 같은 교육 분야에 종사하는 강사들에게 고민을 털어놓고 상담을 받아보았다. 동종 업계의 강사들에게 조언을 받아본 결과, 두 가지 피드백을 받을 수 있었다.

첫째는 교육 프로그램의 정체성이 분명하지 않다는 것이었다. 누구에게 무엇을 교육하여 어떤 가치를 전해줄 수 있는지 설명이 부족하다는 것이다. 교육서비스는 눈에 보이지 않는 제품이기 때문에, 강의 수요가 늘어나기 위해서는 상세한 설명이 필요하기 때문이다.

둘째는 온라인 마케팅 활동이 전무하다는 것이었다. 홍 강사는 그동안 입소문을 통해 참여 인원을 모집해 왔기 때문에, 별다른 마케팅 활동을 하지 않았다. 하지만, 활발하게 강의 활동을 하기 위해서는 강의 실력만큼이나 홍보마케팅도 중요하다는 피드백을 받았다.

이런 분석결과를 바탕으로 홍 강사는 아래와 같은 목표를 설정했다.

"교육 브랜드의 아이덴티티를 확립한 후, 온라인 마케팅을 통해 강의 수요와 매출을 성장시키겠다."

홍 강사는 자신이 설정한 목표를 달성할 수 있도록, SMART-PI 기법을 통해 타당성을 검증해보기로 했다.

홍 강사의 목표에 SMART 기법을 적용하기

Specific. 구체적인가?
무엇을 통해 목표를 성취할 것인가? 구체적인 행동을 나열하기.

1. 브랜드 아이덴티티 확립을 위해, 비전, 미션, 슬로건을 정한다.
2. 브랜드의 시각화를 위해 메인 컬러를 정하고 로고를 만든다.
3. 온라인 마케팅을 위하여 홈페이지와 블로그를 개설한다.
4. 블로그에 교육 홍보를 위한 게시글을 꾸준히 올린다.
5. 교육 프로그램을 단기 특강과 장기 프로그램으로 구분하여 세부 내용을 구성하고, 온라인 상에서 홍보를 진행한다.

Measurable. 측정 가능한가?
목표를 달성한 순간을 어떻게 알 수 있는가? 측정방법 제시하기.

- 양적 측정 : 블로그를 개설하여 매일 1개 이상의 게시글을 포스팅하고, 블로그 이웃을 천 명 이상으로 늘린다.

- 질적 측정 : 홈페이지에 교육 커리큘럼을 자세히 소개한 뒤, 사용자 설문조사를 통해 교육 내용이 적절히 소개되고 있는지 만족도를 측정한다.

Ambitious. 야심 찬 목표인가?
달성하기 충분히 어려운 목표인가? 성공 확률은 어느 정도인가?

- 홍 강사는 온라인 마케팅을 본격적으로 진행해 본 적이 없다. 처음 온라인 마케팅을 진행할 때는 알아야 할 것이 매우 많다. 따라서 수많은 좌충우돌을 겪게 될 확률이 높다.
- 온라인 마케팅은 조금씩 입소문을 통해 효과가 번져나가는 경향이 있다. 게시글 몇 개 올렸다고 하여 한순간에 폭발적인 효과가 일어나지는 않을 것이다.
- 교육서비스업의 특성상 기존 풍성한 교육 이력을 매우 중요시하기 때문에 초기에는 성장에 난항을 겪을 수 있다.

Realistic. 현실적인가?
목표를 달성하기 위해 필요한 현금자산, 물적 자산, 인맥, 시간 등을 나열해보자. 그 중 나에게 없는 것은 무엇이며 어떻게 획득할 것인가?

- 능력 : 온라인 마케팅을 위한 블로그 게시글 작성 및 섬네일 디자인, 키워드 선정 등의 능력

- 현금 자산 : 로고 제작 및 홈페이지 구축에 필요한 비용
- 시간 : 초기에는 브랜드 아이덴티티 확립을 위한 구상과 홈페이지 및 블로그 구축에 많은 시간이 소요될 것이다. 하지만, 어느 정도 초기 작업이 끝난 후에는 매일 꾸준히 조금씩 온라인 마케팅을 하는 시간이 필요하다.
- 인맥 : 온라인 마케팅에 대한 지식이 전무하기 때문에 이에 대해 조언해줄 기존 사업자들이 필요하다.

홍 강사는 현금 자산이 많지 않지만, 정부에서 소상공인을 위해 진행하는 디자인 지원사업에 지원하여 무료로 로고와 홈페이지 구축을 진행하기로 했다. 필요한 비용은 매년 소액의 홈페이지 서버 임대료와 도메인 비용이 나갈 것으로 예상되기 때문에 충분히 해결할 수 있다.

또한, 온라인 마케팅에 관한 지식이 없으나, 교육사업가들의 모임에 정기적으로 참석하고 있으므로 인맥을 통해 마케팅 능력을 키워나갈 수 있을 것으로 생각된다.

Time-bound. 기한 설정이 있는가?
목표의 마감시한은 언제까지인가? 그렇게 설정한 근거는 무엇인가?

- 블로그 초기 구축에는 긴 시간이 소요되지 않으나, 콘셉트를 잡고 게시글을 작성해나가기까지 1개월 내외로 산정하였다.

- 사업의 비전, 미션, 슬로건 등을 수립하기 위한 기간은 사업체에 따라 다르지만, 전문가의 도움을 받아 최대 한 달 이내에 충분히 가능하다.
- 홈페이지 구축에 걸리는 시간은 전문가의 초기 디자인 구축이 3개월 정도, 홍 강사가 콘텐츠를 채워나가는 기간을 3개월 정도로 산정하였다.

따라서 황 강사의 총 목표 기간은 8개월이며, 중간에 변수가 발생한다 하더라도 10개월 이내에 충분히 달성 가능할 것으로 생각된다.

홍 강사의 목표에 PI 요소를 적용하기

Self-starting. 능동적인 태도
1. 경쟁자들과 어떤 점에서 차별화 되는가?

홍 강사의 마케팅 방식은 다른 강사들이 진행하는 것과 큰 차이가 없다. 차별화 포인트를 잡아내지 못한다는 것은 황 강사의 가장 큰 약점이 될 것이며, 앞으로의 숙제가 될 것이다. 하지만, 아직은 초기 단계이기 때문에 벤치마킹하면서 인사이트를 얻어 가는 것이 좋다고 판단했다.

2. 목표달성을 위해 필요한 정보는 어디에서 획득할 것인가?

홍 강사는 정부지원사업을 통해 홈페이지 구축 및 사업 비전 수립을 진행하고자 한다. 따라서, 정부지원사업의 정보를 알 수 있는 각종 홈페이지 공고를 잘 살펴보아야 하며, 전년도 지원사업 공고가 언제 시행되었는지를 살펴보아야 한다.

그리고 온라인 마케팅을 위해서는 다양한 강의와 서적이 이미 시중에 많이 나와 있기 때문에, 정보수집이 용이한 편이며, 기업가 모임에서 마케팅에 관한 많은 팁을 얻을 수 있다.

3. 목표를 이루기 위해 새로 배워야 할 것은 무엇인가?

홈페이지와 블로그 구축 및 관리에 관한 지식 그리고 온라인 마케팅 팁에 관한 지식이 필요하다.

Future thinking. 미래지향적 사고

1. 앞으로 예측되는 기술적/사회적/정책 변화 중에서 내 목표에 영향을 줄 수 있는 변화는 무엇이 있을까?

- 홍 강사는 부모교육을 전문으로 하고 있으며, 사업을 발전시키고자 하는 목표를 갖고 있다. 하지만, 사회적 변화의 측면에서 저출생과 고령화가 가속되고 있기 때문에, 교육할 만한 부모가 줄어들게 될 수 있다

- 온라인 교육은 장점이 크다. 하지만, 기술적 변화로 인해 온라인 교육을 진행하는 경쟁자는 점점 늘어나고 있으며, 정작 교육 시장에서는 여전히 오프라인 교육을 더 선호하는 경향이 있다.

- 온라인 마케팅의 판도가 텍스트에서 동영상으로 옮겨가고 있다. 과거에는 블로그에서 가장 활발한 정보 공유와 마케팅이 발생했지만, 현재는 영상 플랫폼을 통한 마케팅이 급부상하고 있다.

2. 미래 변화를 고려했을 때, 지금부터 준비해야 할 일은 무엇인가?

- 교육대상자를 다양화할 필요가 있다. 현재는 부모교육만을 전문으로 하고 있으나, 이는 매우 좁은 시장만을 선택하여 파고드는 전략이다. 보다 다양한 청중을 대상으로 교육을 소화할 수 있도록 장기적인 준비를 할 필요가 있다.
- 온라인 교육뿐 아니라 오프라인 교육에서도 최적화할 수 있어야 한다. 교육 효과성의 측면에서 온라인보다 오프라인 교육이 절대적으로 우세하며, 오프라인 교육을 원하는 대상자들 또한 상당하기에 교육을 진행하는 채널을 늘릴 수 있어야 한다.
- 영상 제작에 관한 지식과 기술을 천천히 공부해 둘 필요가 있다.

3. 미래 변화를 고려하여 나의 목표를 장기/중기/단기 목표로 세분화하여 각 시기에 맞추어 내가 해야 할 행동에 대한 계획을 세워보자.

- 단기 목표(1개월~6개월) : 디자인 지원사업에 관한 정보를 수집하고, 공고 시기를 파악하여 서류를 준비한다. 또한, 사업 비전 수립과 온라인 마케팅에 도움을 받을 수 있는 전문가를 섭외한다.
- 증기 목표(6개월~1년) : 홈페이지 구축을 마무리하고, 추가적인 교육 콘텐츠 개발에 힘쓴다. 또한, 블로그에 글을 꾸준히 게시하여 이웃 수를 늘린다.
- 장기 목표(1~2년) : 온라인 마케팅을 꾸준히 진행하여 고객사에 홍 강사의 교육 분야와 교육 스타일을 포지셔닝하고, 월 10회 이상 꾸준히 교육과정을 진행할 수 있도록 사업을 안정화 한다.

Overcoming barriers. 장애물 극복하기

1. 목표를 달성하는 과정에서 예상되는 장애물은 무엇인가?

온라인 마케팅은 단순히 온라인 툴을 잘 활용하는 것 이상의 능력과 센스가 요구된다. 홍 강사는 이런 종류의 업무를 진행해 본 적이 없기 때문에, 가장 큰 실패 요인으로 예상된다.

2. 예상되는 장애물을 아래 문제 해결 테크닉 5단계에 적용해보자.

1단계. 문제를 구체적으로 적어 보기.

홍 강사는 온라인 마케팅을 진행해 본 적이 없다. SNS 등의 온라인 플랫폼에 익숙해지는 것 자체에 큰 어려움이 따를 수 있으며, 온라인 마케팅은 그 분야에 노하우가 있는 사람들이 아니고서는 효과를 거두지 못하는 경우도 많다.

2단계. 문제를 육하원칙에 따라 구체화하기.

Who?   홍 강사가

Where?   온라인 플랫폼 사이트 내에서

When?   게시글을 올리는 등의 활동을 하는 동안

Why?   마케팅 노하우가 없기 때문에

What?   온라인 마케팅으로 홍보 효과를 얻기 어려울 수 있음

3단계. 문제 해결의 아이디어를 얻기 위해 다양한 출처(사례, 전문가의 조언, 제도 등)의 정보를 활용한다.

- 정부지원제도 중 홍보마케팅에 관한 컨설팅 비용을 지원하는 사업이 있기 때문에 이를 활용해 보면 좋을 것 같다.
- 온라인 마케팅에 관한 정보를 공유하는 인터넷 카페 등에 가입하여 고수들에게 질문할 수 있다.
- 온라인 마케팅은 대부분의 쇼핑몰 사업자들이 진행하고 있으므로, 선배 창업자들에게 조언을 구할 수 있다.

4단계. 주변 사람들의 피드백을 구한다.

- 주변인 A의 의견 : 초기에 비용을 들이더라도 마케팅 전문 업체의 도움을 받아 진행하면서 노하우를 배우는 것이 좋겠다.
- 주변인 B의 의견 : 고급 정보는 발품을 팔아야 얻을 수 있다. 비슷한 일을 하는 강사들의 모임에 참여하여 정보를 얻어라.

5단계. 문제 해결을 위한 실천사항을 적어본다.

온라인 마케팅을 처음 시작할 때, 상당한 난항이 예상되므로, 혼자서 하나하나 배우면서 진행하려 하기 보다는, 다양한 전문가의 도움을 받는 것이 좋겠다. 비용을 들여서라도 온라인 마케팅 전문가를 섭외하여 일을 진행하되, 옆에서 지켜보며 노하우를 습득할 수 있을 때쯤 혼자서 진행해 보는 것이 실패 확률을 줄일 수 있다.

"양질의 정보를 획득하기 위해

당신은 얼마나 능동적으로 행동하고 있는가?

쉽게 구할 수 있는 정보는

책이나 인터넷만 검색해도 알 수 있지만,

구하기 어려운 핵심적인 정보는

대부분 '사람'을 통해서 얻을 수 있기에

발품을 팔아 정보를 얻을 수 있어야 한다."

당신에게 목표는 무엇입니까?

SMART-PI 기법을 활용한 목표 설정의 과정을 살펴보았다. 본문에서 이야기했듯, SMART-PI는 우리의 목표가 이룰 수 있는 목표인지 아닌지, 그 타당성을 검증하는 기준이다. 물론, 모든 목표를 이렇게 설정해야 하는 것은 아니다. 독서, 다이어트, 운동 등의 생활 루틴을 정할 때는 간단한 목표를 통해 실행력을 강화할 수도 있다. 하지만, 당신의 인생이 걸린 목표를 실현하고자 한다면, 목표를 설정하는 과정부터 보다 치열하게 접근해보라고 말하고 싶다.

이 책을 읽는 동안 목표의 중요성을 다시금 깨닫고, 성공을 향한 여정에서 어떻게 더 나은 방향으로 나아갈 수 있는지 고민하고 배울 수 있었기를 바란다. 목표는 인생의 나침반이다. 나침반이 제대로 작동하지 않는다면, 아무리 속도가 높여도 목적지에 다다를 수 없다.

목표를 설정하고 달성해 나가는 과정이 결코 쉽지 않을 수 있지만, 목표를 향해 나아갈 때 우리는 성장할 수 있고 새로운 가능성을 발견하게 된다.

우리는 종종 도전에 부딪히고 실패할 수 있다. 만약 지난 목표가 실패로 마무리되었다면, 새로운 목표를 세우기보다는, 지난 목표의 타당성을 재검토해보기를 바란다. 그 실패를 바탕으로 새로운 목표에서 중요하게 고려되어야 할 사항을 분석해보자. 목표를 달성하는 과정만큼이나, 설정하는 과정도 중요하다는 것을 인식해야 한다.

여러분의 목표는 바다 한가운데에 떠 있다. 이제 나침반을 열고 항해를 해 나가야 한다. 여러분이 성공을 향한 여정을 마무리할 수 있도록, SMART-PI의 기준에 맞추어 목표의 타당성을 검토하고 수정하는 과정을 거치길 제안한다. 다음 페이지에 당신을 위한 목표 설정 공간을 남겨두었다.

당신이 목표를 찾고 달성하는 여정에서 새로운 도전과 성장을 경험하기를 바란다.

글쓴이들.

당신의 목표는?

SMART 기법을 적용하기

Specific. 구체적인가?

무엇을 통해 목표를 성취할 것인가? 구체적인 행동을 나열하기.

Measurable. 측정 가능한가?

목표를 달성한 순간을 어떻게 알 수 있는가? 측정방법 제시하기.

Ambitious. 야심 찬 목표인가?

달성하기 충분히 어려운 목표인가? 성공 확률은 어느 정도인가?

Realistic. 현실적인가?

목표를 달성하기 위해 필요한 현금자산, 물적 자산, 인맥, 능력, 시간을 나열해보라. 그 중 나에게 없는 것은 무엇이며 어떻게 획득할 것인가?

Time-bound. 기한 설정이 있는가?

목표의 마감시한은 언제까지인가? 그렇게 설정한 근거는 무엇인가?

자기주도성(PI)의 세가지 요소 적용하기

Self-starting. 능동적인 태도

1. 경쟁자들과 어떤 점에서 차별화 되는가?

2. 목표달성을 위해 필요한 정보는 어디에서 획득할 것인가?

3. 목표를 이루기 위해 새로 배워야 할 것은 무엇인가?

Future thinking. 미래지향적 사고

1. 앞으로 예측되는 기술적/사회적/정책 변화 중에서 내 목표에 영향을 줄 수 있는 변화는 무엇이 있을까?

2. 미래 변화를 고려했을 때, 지금부터 준비해야 할 일은 무엇인가?

미래 변화를 고려하여 나의 목표를 장기/중기/단기 목표로 세분화하여 각 시기에 맞추어 내가 해야 수행해야 할 행동에 대한 계획을 세워보자.

단기 목표(1개월~6개월) :

중기 목표(6개월~1년) :

장기 목표(1~2년) :

Overcoming barriers. 장애물 극복하기

1. 목표를 달성하는 과정에서 예상되는 장애물은 무엇인가?

2. 예상되는 장애물을 아래 문제 해결 테크닉 5단계에 적용해보자.

   1단계. 문제를 구체적으로 적어 보기.

   2단계. 문제를 육하원칙에 따라 구체화하기.

   3단계. 문제 해결의 아이디어를 얻기 위해 다양한 출처(사례, 전문가의 조언, 제도 등)의 정보를 활용한다.

   4단계. 주변 사람들의 피드백을 구한다.

   5단계. 문제 해결을 위한 실천사항을 적어본다.

참고문헌

국내 문헌

김솔희, 김찬우, 정찬훈, 박진선, 김정대, 서교. (2017). 만다라트 (Mandal-Art) 기법을 이용한 웹기반 농업용수 정보시스템 평가지표 개발. 농촌계획, 23(4), 49-59.

김연정. (2021). 대학생의 물질주의 가치와 행복 간의 관계에서 생애목표설정의 매개효과. 학습자중심교과교육연구, 21(15), 497-506.

김지혁, 정재환. (2019). 만다라트 기법을 활용한 태권도 매트릭스 모형 개발. 움직임의철학:한국체육철학학회지, 27(4), 109-118.

류수연. (2019). PBL(Problem-based Learning)을 위한 조별토론 학습모델 연구: 만다라트(Mandar-art)와 RPP(Role-play presentation)를 활용한 협동학습 모델 개발. 교육문화연구, 25(2), 359-377.

변희섭. (2019). 목표설정 특성이 목표몰입을 통하여 종업원의 직무성과에 미치는 영향에 관한 연구. 한성대학교 석사학위논문.

양성주. (1990). 최고 수행을 위한 목표설정에 관한 연구. 부산여자전문대학 논문집, 12(-), 143-153.

이지양. (2020). 디자인 교육에서 사고분석도구의 활용에 관한 연구. 조형미디어학, 23(1), 138-146.

정석문. (2022). 다단계 마케팅에서 OKR활용에 따른 임파워먼트가 조직성과에 미치는 영향. 경상국립대학교 석사학위논문.

정연호. (2008). 재테크코너: 브라이언 트레이시에게 배우는 성공원칙. 지방재정과 지방세, 2, 197-203.

정준욱, 이은주. (2015). 성취목표지향성과 성취결과의 상호 인과적 관계. 교육심리연구, 29(1), 65-84.

국외 문헌

Christian Swann, Patricia C. Jackman, Alex Lawrence, Rebecca M. Hawkins, Scott G. Goddard, Ollie Williamson, Matthew J. Schweickle, Stewart A. Vella, Simon Rosenbaum & Panteleimon Ekkekakis. (2023). The (over)use of SMART goals for physical activity promotion: A narrative review and critique. Health Psychology Review, 17(2), 211-226.

Cothran, H. M., & Wysocki, A. F. (2005). Developing SMART Goals for Your Organization: FE577/FE577, 11/2005. EDIS, 2005(14).

Donald Sull, Charles Sull. (2018). With Goals, FAST Beats SMART. MIT Sroan management review.

George T. Doran (1981). There's a S.M.A.R.T. way to write management's goals and objectives. AMA Forum.

Haughey, D. (2014). A brief history of SMART goals. Project Smart, December, 13.

Henry M. Cothran, Allen F. Wysocki. (2005). Developing SMART Goals for Your Organization. University of Florida: IFAS EXTENSION.

K. Blaine Lawlor, Martin J. Hornyak. (2012). SMART Goals: How the application of SMART goals can contribute to achievement of student learning outcomes. developments in Business Simulation and Experiential Learning, 39, 259-267.

Jung Lee Ann. (2007). Writing SMART Objectives and Strategies That Fit the ROUTINE. SageJournals, 39(4), 54-58.

Peter Drucker. (1954). The practice of management. New York: HarperCollins.

Robert S. Rubin. (2002). Will the Real SMARTGoals Please Stand Up?. The Industrial-Organizational Psychologist, 39(4), 26-27.

Toyin Tofade, Anand Khandoobhai, Kim Leadon. (2012). Use of SMART Learning Objectives to Introduce Continuing Professional Development Into the Pharmacy Curriculum. American Journal of Pharmaceutical Education, 76(4), 1-7.

이루는 목표의 비밀 **SMART-PI**

초판 1쇄 발행 2024년 02월 15일

지은이 임하율, 박지우, 윤지혜, 황윤정
디자인 달그림자

펴낸이 박지우
펴낸곳 인굿북스
주 소 경기도 수원시 고등로 13
출판등록번호 제 2023-000009 호
홈페이지 www.ingood.kr
이메일 ingood@ingood.kr

ISBN 979-11-986310-7-7